동불도
행복할 권리가 있어!

동물도
행복할 권리가 있어!

1쇄 인쇄 2024년 10월 7일
1쇄 발행 2024년 10월 21일

지은이　서해경
그린이　이경석
펴낸이　이학수
펴낸곳　키큰도토리
편　집　이효원
디자인　박정화

출판등록 제395-2012-000219호
주소　　10543 경기도 고양시 덕양구 청초로 66, B-617호
전화　　070-4233-0552
팩스　　0505-370-0552

전자우편　kkdotory@daum.net
홈페이지　www.kkdotori.com
블로그　　blog.naver.com/kkdotory
페이스북　facebook.com/kkdotory
인스타그램　instagram.com/kkdotori

* 책값은 뒤표지에 있습니다.
* 잘못된 책은 구입처에서 교환하여 드립니다.
* 이 책은 저작권자와 계약에 따라 발행한 것이므로 본사의 허락 없이는
  어떠한 형태나 수단으로도 이 책의 내용을 이용하지 못합니다.

ⓒ 서해경·이경석, 2024
ISBN　979-11-92762-35-7　74300
　　　　978-89-98973-21-6 (세트)

어린이제품안전특별법에 의해 제품표시	
제조자명 키큰도토리	**전화번호** 070-4233-0552
제조국명 대한민국	**주소** 10543 경기도 고양시 덕양구
사용연령 만 9세 이상 어린이 제품	청초로 66, B-617호

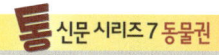 신문 시리즈 7 동물권

동물도 행복할 권리가 있어!

글 서해경 | 그림 이경석

키큰도토리

작가의 말

　내가 어렸을 땐, 개는 짧은 줄에 묶여서 평생 집이나 공장, 논밭을 지키는 가축이었어요. 그 후에 개는 집 안에서 장난감처럼 사람에게 즐거움을 준다는 뜻에서 '애완견'으로 불렸어요. 지금은 가족처럼 함께 사는 개라는 의미의 '반려견'이라 부르지요. 2023년에 '반려견'이란 단어가 표준어로 등록되었고요.
　개에 관한 관심과 애정을 시작으로, 사람들은 동물의 권리에 관해 관심이 커진 것 같아요. 동물도 행복할 권리가 있다고 생각하는 사람이 늘었고, 동물을 학대하는 행위는 '범죄'로 처벌을 받아요. 마을 공원에서는 가족과 함께 산책 나온 개를 흔히

볼 수 있고, 마을 공원 구석에서는 '캣맘'이 길고양이를 위해 준비한 음식과 집을 심심찮게 볼 수 있어요. 한 놀이공원의 판다 가족은 극진한 보살핌을 받고 국민들의 사랑을 받는 스타가 되었지요.

스타로 대접받는 곰도 있고 유튜브, SNS에서 유명한 동물들도 있지만, 산 채로 쓸개즙이 뽑히는 고통을 당하다가 죽는 곰도 있어요. 사람이 재미로 던진 돌에 맞아 죽은 동물도 있고, 여전히 좁은 우리에 갇혀 사람들의 구경거리가 된 동물원의 야생 동물도 많아요. 영양 만점 달걀을 낳는 닭은 좁은 우리에 갇혀 날개 한번 펴지 못한 채 살고요. 펫샵의 작은 유리 상자에서 팔리길 기다리는 개와 고양이는 누굴까요? '개 공장', '고양이 공장'에서 새끼 낳는 기계처럼 학대당하는 부모 개와 고양이들의 소중한 새끼들이죠.

사실 나는 동물에 관해 관심이 별로 없었어요. 어렸을 적에 '메리'라는 동네 개에게 늘 간식을 빼앗겼던 터라, 개는 특히 무서웠죠. 그러다 우연히 유기견에 대한 영상을 보고, 개에 관해 관심이 생겼어요. 그 관심은 애정으로 변했고 개 이외의 동물로 확대되었어요. 그리고 동물 권리와 동물 복지, 동물 학대 등을 알게 되었지요.

　유기견을 돕는 일도 시작했어요. 사람에게 버려지고, '안락사'라는 이름으로 죽임을 당할 유기견을 구조해서 가족을 찾아 주는 일을 했지요. 처음엔 내가 구한 유기견이 좋은 가족을 만나 사랑받으며 사는 모습을 보고 보람 있었어요. 그러나 사람에게 버려지고 학대받는 동물은 끝없이 계속 생기고, 지자체에서 운영하는 동물 보호소에서는 눈도 뜨지 못한, 갓 태어난 강아지들이 '안락사'를 당했어요. 밑 빠진 독에 물을 붓는 것 같

은 허탈함이 커져 갔죠.

　그런데도 왜 난 동물에 대한 글을 쓰고, 왜 여전히 동물의 권리와 행복을 지키고 싶을까요? 이 글을 쓰는 지금, 내 앞엔 유기견이었던 달콩이가 방귀를 뿡뿡 뀌며 자고 있어요. 달콩이는 육남매였는데 둘은 동물 보호소에서 죽었어요. 사람이 입양한 네 아이는 사랑받으며 살고 있지만, 사람이 외면한 두 아이는 목숨을 잃은 거예요.

　여전히 사람의 학대와 무관심 때문에 고통받는 동물이 많지만, 그런 동물을 도울 수 있는 존재 역시 사람뿐이에요. 이 책이, 여러분이 동물의 행복할 권리, 고통받지 않을 권리에 대해 **관심을 가지는 작은 계기가 되길 바라요.**

빵제로신문 통신문!!
통통한 기사 통신문!!

구독문의 070-123-4567

통

황소
〈통신문〉의 취재부장으로, 별명은 통 대장이다. 기자들의 취재 독립권을 보장해 주고, 민주적으로 이끌어 가려고 한다. 하지만 회식 메뉴와 식당을 정할 때는 그런 독재자가 없다. 어디서나 눈에 띄는 모습 때문에 잠입 취재에는 취약한 면이 있다.

한별님
별명은 통스통스. 더블 통스로 불리기도 한다. 몸매만 아니라면 어디서나 봄 직한 아주 흔한 외모이며, 현장 잠입의 달인이다. 어부로, 농부로, 치킨집 배달원으로, 일식당 주방장으로 어디든 위장 잠입을 해도 절대 의심받는 일이 없다.

제갈윤
〈통신문〉의 정보통으로, 별명은 소통이다. 기억력이 비상해서 한 번 듣고 본 내용은 다 기억한다. 특히 다크 초콜릿을 먹으면 두뇌가 더욱 팽팽 잘 가동된다. 인터넷과 도서관, 신문과 뉴스 등에서 필요한 정보를 찾는 역할을 주로 한다.

호리병

〈통신문〉의 홍일점이며, 이름처럼 허리가 잘록하다. 집요하기가 이루 다 말로 할 수 없을 정도여서, 어떤 상대라도 그녀를 만나면 전생의 기억까지 탈탈 다 털어놓을 수밖에 없다. 특유의 말투로 대화를 한다.

황송하지

황소의 딸. 아빠 황소와 엄마 송해의 성을 따서 이름이 황송하지이다. 무엇이든 '하자!'라는 긍정적인 정신을 가지라고 '하지'라는 이름을 지어 줬다. 별명 같은 건 유치해서 안 키운다. 〈어린이 통신문〉 기자로서 〈통신문〉의 한 축을 담당하고 있다.

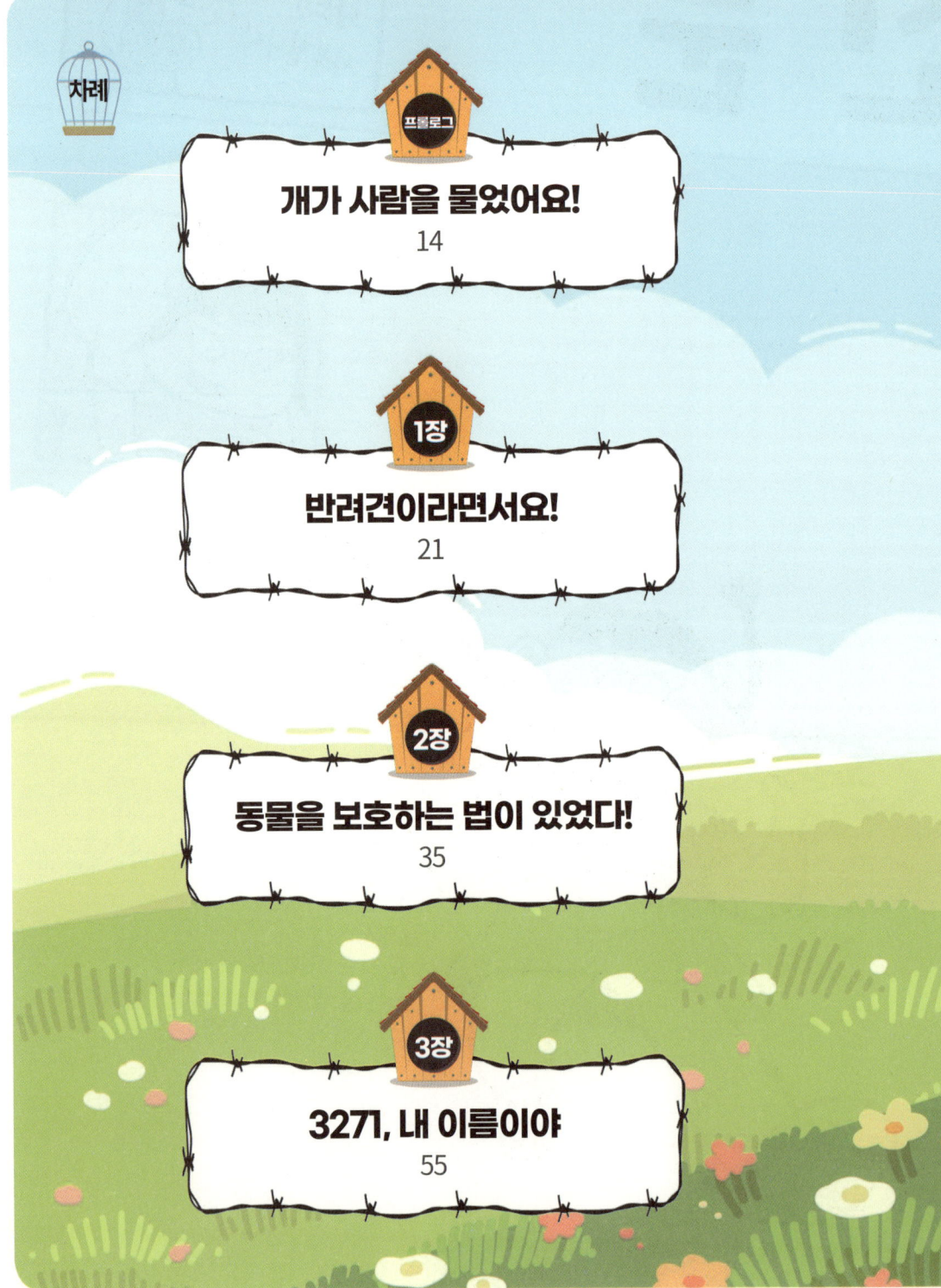

차례

프롤로그 — 개가 사람을 물었어요! 14

1장 — 반려견이라면서요! 21

2장 — 동물을 보호하는 법이 있었다! 35

3장 — 327기, 내 이름이야 55

개가 사람을 물었어요!

"안 돼! 위험해. 아빠는 절대 반대다."

황소가 더 이상 대화하지 않겠다는 듯, 컴퓨터를 켰다.

"애 좀 봐요. 완전 아기예요. 귀엽잖아요. 우리가 입양해요, 제발요."

황송하지가 국가 동물 보호 정보 시스템의 구조 동물에 공고된 강아지를 보여 줬다. 15일 전, 우봉산에서 발견된 강아지 4남매다.

"너 어제 개 물림 사고 난 거 몰라? 여기 봐, 여기 봐. '경계 심함'이라잖아. 사람을 좋아하지 않는 개라는 말이야."

황소가 공고에 적힌 유기견 소개글을 손가락으로 짚었다.

"갑자기 사람한테 잡혀서 보호소 좁은 우리에 갇혔으니까 무서워서 경계하죠. 사나운 애들이 아니라고요. 아빠는 애들이 불쌍하지도 않아요?"

황송하지가 소리 질렀다.

"흠흠. 할머니를 물었던 개는 어떻게 됐어?"

한별님이 황송하지와 황소를 힐끔 보더니, 제갈윤에게 큰소리로 물었다.

"안락사를 시키진 않으려나 봐요. 오성시 동물 보호소로 보냈다는 거 보면."

제갈윤 역시 황소와 황송하지를 슬쩍 보며 대답했다.

"아~ 그건 아니죵. 사람을 공격한 개를 그냥 두다니요? 전 안락사시켜야 한다고 생각해요. 오성 시민들도 안락사를 주장하잖아요."

기사를 쓰던 호리병이 등을 의자 등받이에 기댔다.

황송하지가 호리병을 흘겨봤다. 입술이 삐죽 나오고 눈에 눈

물이 고였다.

그 모습을 본 제갈윤이 한별님을 손가락으로 쿡 찔렀다.

"어? 시민들 의견이 다 그런 건 아냐. 난 안락사에 반대니까."

한별님이 어색하게 웃었다.

"아~ 사람을 한 번 문 개가 두 번, 세 번은 안 물겠어용? 안 되죠, 위험 요소는 없……."

"사람을 다치게 했으니 처벌은 있어야겠지. 하지만 안락사는 너무하잖아."

호리병의 말을 자르며 제갈윤이 호리병에게 눈짓으로 황송하지를 가리켰다.

그제야 호리병이 황송하지를 돌아봤다.

"왜, 왜 그래? 누가 우리 하지를 울렸어?"

호리병이 황송하지에게 달려갔다.

"저, 갈 거예요. 안녕히 계세요."

황송하지가 의자에 올려 둔 가방을 낚아챘다. 황송하지는 황소와 호리병을 흘겨보곤 통신문 기자실 밖으로 달려 나갔다.

"어쩌지? 나, 우리 하지를 울려 버린 거야?"

호리병이 얼굴을 찡그렸다.

"아냐, 잘했어. 호 기자가 위험한 개를 안락사시켜야 한다고 해서 다행이야. 하지도 이제 알아들었겠지."

황소가 의자를 뒤로 밀어 창밖을 내다봤다.

황송하지가 두 손으로 얼굴을 가리고 통신문 건물 앞에 서 있었다. 황송하지는 소매를 당겨 눈물을 닦더니 가방을 메고 멀어졌다.

"아이고 참. 우리 딸 진짜 우네."

황소가 혀를 찼다.

"이번 개 물림 사고를 기사로 쓰죠. 저처럼 사람을 문 개를 안락사시켜야 한다는 의견도 싣고, 한 기자처럼 안락사는 안 된다는 의견도 싣는 거예요."

호리병이 황소와 한별님, 제갈윤을 돌아봤다.

"전 단순히 그 개를 안락사시키면 안 된다는 게 아닙니다. 사고의 책임을 그 개에게만 묻는 거에 반대하는 겁니다."

한별님이 말했다.

"그게 무슨 말이죠? 좀 전에 분명히 안락사에 반대한다고 했잖아요."

호리병이 눈을 가늘게 뜨고 한별님을 쳐다봤다.

"개가 사람을 문 사고는 절대 일어나선 안 되는 일이었습니다. 그 개도 책임이 있죠. 저도 인정합니다."

한별님이 호리병 쪽으로 의자를 돌렸다.

"하지만 개 주인의 잘못이 더 크다고 생각합니다. 그 개는 로트와일러라 입마개를 했어야 합니다. 개는 그냥 개예요. 어린아이가 잘못하면 그 보호자가 책임을 지듯이, 개 역시 그 주인이 책임을 져야 합니다."

"개를 어린아이처럼 대해야 한다는 건가요, 그것도 맹견을?"

호리병이 등을 꼿꼿이 세우고 팔짱을 꼈다.

오호! 황소가 두 손으로 턱을 괴었다. 그러다 씩 웃었다.

"한 기자와 호 기자 말이 둘 다 일리가 있어. 좋아, 다음 호 통신문은 반려동물을 특집 기사로 다루지. '개 물림 사고와 처벌'

보다 범위를 더 넓혀서 다루자고."

황소가 책상에 두 손을 짚고 일어섰다.

"완전히, 전적으로, 매우 찬성입니다!"

제갈윤이 한별님과 호리병을 번갈아 보며 눈만 껌벅이다가 냉큼 오른손을 들었다.

반려견이라면서요!

"진짜? 진짜 그 개한테 물린 할머니가 김시우네 할머니야?"

황송하지가 옆자리 정은서에게 물었다.

"진짜라니까. 김시우네 할머니 맞아."

정은서가 아직도 그걸 모르냐는 듯 답답해했다.

"시우 할머니는 얼마나 무서우셨을까?"

앞자리 최정연이 몸을 돌려 대화에 끼어들었다.

"병원에 입원하셨을까? 많이 다치시지 않았으면 좋겠다."

황송하지 말에 두 친구가 고개를 끄덕였다.

"근데 그 개는 어떻게 했으면 좋겠어?"

최정연이 황송하지와 정은서를 둘러봤다.

"죽이면 안 돼."

정은서가 단호하게 말했다.

"나도 싫어. 근데 우리 엄마랑 아빠는 당장 안락사시켜야 한다고 난리야. 할머니도 전화해서 개 조심하라고 하고. 나랑 동생이 물릴까 봐 엄청나게 걱정하셔."

최정연이 얼굴을 찡그렸다.

황송하지는 사람을 문 개를 안락사시키는 것에 반대했다. 근데 피해자가 아는 사람이라니까 마음이 좀 복잡했다. 김시우 엄마 대신 할머니가 급식 당번으로 왔던 게 기억이 났다. 왠지 김시우랑 할머니를 배신하는 것 같았다.

"시우는 어떻게 하길 원할까? 그 개가 죽길 바랄까?"

황송하지가 친구들에게 물었다.

두 아이가 어색하게 웃으며 어깨를 으쓱했다.

"나 왔어."

황소가 집 현관문을 열고 들어왔다.

"마침 잘 왔어요. 나 잠깐 나갔다 올 테니, 강아지 저것 좀 먹여 줘요. 긴장했는지 이동 가방 밖으로 안 나오네."

황송하지 엄마가 황소를 보자마자 식탁 위 냄비를 가리켰다. 그러더니 급하게 가방을 집어 들고 밖으로 나갔다.

오전에 황송하지 엄마가 가족 단톡방에 백구 강아지를 안고 환하게 웃는 사진을 올렸다. '유기견 아기야. 동물 보호소에 전염병이 돌아서 남매들은 다 죽었대. 애도 죽으면 어떡해? 우리가 교육 잘 시켜서 좋은 집에 입양 보내자. 다 찬성이지?'라는 글과 함께. 황송하지는 '으아악, 귀여워♡♡♡♡. 엄마 멋져요!'라고 답글을 썼고, 황소는 아무 글도 쓰지 않았다. 엄마는 다시 '동물도 건강하게 살 권리가 있어. 사람이 그 권리를 지켜 줘야지.'라고 썼다.

황소는 얼굴을 찡그린 채 소파에 털썩 앉았다. 맞은편 에어컨 밑에 동물 이동 가방이 보였다. 문은 열렸지만 강아지는 보이지 않았다. 황소는 살짝 고개를 숙여 안을 들여다봤다.

"없잖아? 어디 갔지?"

황소는 이동 가방으로 가까이 다가가 다시 안을 들여다봤다.

"아이고야."

황소가 중얼거렸다. 진흙인지 똥인지가 묻은 작은 털북숭이 엉덩이가 보였다. 강아지는 구석에 머리를 박고 웅크려 앉아 온몸을 부들부들 떨었다.

황소는 현관문을 돌아봤다. 아내는 '확실히' 집에 없다! 황소는 주방에 가서 아내가 끓인 황태, 닭가슴살 국을 그릇에 담았다. 후~ 불어 식힌 다음 손가락을 넣었다. 미지근했다.

황소는 그릇을 이동 가방 안에 슬쩍 넣었다. 강아지가 움찔하더니 고개를 슬그머니 돌렸다. 검은 코가 실룩거렸다. 황소는 옆으로 돌아앉아 안 보는 척했다. 그러나 모든 감각이 강아지에게 쏠렸다.

찹찹찹찹. 강아지가 얼굴을 그릇에 박고 맹렬하게 먹었다. 그릇이 들썩거리며 이동 가방 바깥쪽으로 밀리자, 황소가 그릇이 밀리지 않도록 잡아 줬다.

강아지는 빈 그릇을 열심히 핥다가 이동 가방 밖으로 머리를 내밀었다. 하지만 황소와 눈이 마주치자 후다닥 구석으로 도망가 웅크려 앉았다.

황소는 시선을 피하며 그릇을 꺼냈다. 그러곤 식탁에 앉았다. 다시 모든 감각이 강아지에게 쏠렸다.

'호, 녀석 밖으로 나왔네.'

강아지가 이동 가방 밖으로 나와 폭신한 카펫까지 아장아장 걸어갔다. 강아지는 뒷다리를 벌려 살짝 몸을 낮추더니 오줌을 쌌다. 카펫에 노란 얼룩이 생겼다.

황소는 의자에서 벌떡 일어났다가 멈칫했다. 강아지가 놀라서 다시 이동 가방 안으로 달아나게 하고 싶지 않았다. 황소는 식탁 위에 있는 휴지를 뽑아 손에 쥔 채 슬금슬금 기어서 강아지가 오줌 싼 곳으로 움직였다. 강아지는 송곳니로 탁자 다리를 깨무느라 황소에겐 관심이 없는 듯했다.

끄응 끄응. 언제 왔는지 강아지가 카펫에 앉은 황소 다리 위로 올라왔다. 황소는 검지로 강아지 이마를 살살 쓰다듬었다. 강아지가 고개를 돌려 손가락을 깨물려고 했다. 그러더니 거실 바닥으로 내려와 엉덩이를 든 채 납작 엎드렸다.

"플레이 바우(play bow) 자세네. 나랑 놀자고? 야야, 너 나랑 만난 지 얼마나 됐다고 벌써 친구 하자고 하냐? 너, 나 알아?"

황소가 피식 웃었다. 하지만 강아지가 황소의 양말을 물고 잡아당기자, 황소와 강아지의 터그 놀이가 시작되었다.

"요 귀요미를 죽게 둘 순 없지. 안 돼, 그건 절대 안 돼!"

황소는 허벅지에 기대 잠든 강아지를 보며 중얼거렸다.

"그나저나 큰일 났네. 정들면 안 되는데."

황소는 강아지를 살짝 쓰다듬었다.

기자 단톡방에 누군가 글을 올렸다. 호리병이다.

'그 개 주인 있잖아요. 아주 몹쓸 자식이에요. 개를 의자 위에 올려 두고 목줄을 높은 나뭇가지에 묶어 놨대요. 개가 움직이면 목이 졸리도록 말이에요. 정말 나쁜 #x%$#$@#$@예요.'

'개 주인이라는 사람이 주인 없는 강아지를 잡아 와서 키우다가 잡아먹는대요. 이웃 사람들이 동물을 학대한다고 신고를 여러 번 했다네요. 이번에 사고 일으킨 개는 집을 탈출하다가 사

람을 만나자 놀라서 문 것 같다고 해요.'

호리병 글에 이어, 한별님의 글도 올라왔다.

'이런 상황이면 제 생각을 바꿀 수밖에요. 이번 물림 사고는 개 주인 책임이에요. 그 사람, 동물 학대로 처벌 받아야 한다고요. 당연히 그 개는 안락사시키면 안 돼요. 그 개도 피해견이에요. 그렇게 학대를 당했으니 사람을 싫어하고 공격했겠죠.'

호리병이 다시 글을 올렸다. 사람을 문 개는 안락사 시켜야 한다는 생각을 바꾼 거다.

'그렇긴 한데, 전 좀 걱정되네요. 학대를 당해서 공격적인 개가 된 건 안타깝지만 공격적인 개라면 다시 사고를 일으킬 수도 있잖아요.'

한별님도 신문사에서 회의했을 때와 생각이 바뀐 듯했다.

'경찰서에서 알아봤는데, 개 주인이 개를 돌려 달라고 한대요. 자기 거니까 자기가 알아서 처리한다고요.'

제갈윤이 글을 올리자 알림음이 연달아 울렸다. 모든 기자가 '절대 안 돼!'라고 글로 부르짖었다.

황소 기자에게 개 물림 사고에 대해 물었어요.

황송하지 : 요즘엔 개와 고양이를 '반려견, 반려묘'라고 부르더라고요.

황소 : 같은 대상을 부르는 호칭이 변하는 건 사람의 생각이 변했기 때문이야. 사람을 피부색이나 성별(여성, 남성)로 차별하던 시기가 있었어. 피부가 검은 사람이나 여자는 피부가 흰 사람이나 남자와 같은 권리를 가질 수 없다고 생각했지. 하지만 지금은 모든 사람이 존엄하고 평등하게 대접받는 게 당연하잖아. 동물도 마찬가지야. 예전엔 동물은 물건이나 기계처럼 감정도 없고, 지능도 없다고 생각했어. 맘대로 이용해도 된다고 생각했지. 그러다 동물에 대한 관심이 커지면서 동물도 사람처럼 기쁨과 공포를 느끼는 감정이 있고 생각할 수 있는 지능이 있다는 것을 알게 됐어.

이런 사실이 알려지면서 동물도 복지를 누려야 한다고 생각하는 사람이 많아졌어. 동물을 이용하되 살아 있는 동안만큼은 심한 공포나 고통을 느끼지 않도록 배려해야 한다[1]고 생각한 거야. 복지를 넘어서 동물의 권리까지 인정해야 한다는 주장도 있어. 사람처럼 동물

---

[1] 《동물 복지의 시대가 열렸다》 - 박하재홍 지음 / 슬로비

도 본성에 맞게 살 권리, 고통을 당하지 않을 권리 등이 있다는 거야. 동물을 보호하기 위해선 동물의 권리를 인정하는 게 중요해. 사람이 동물을 위해 베푸는 친절이 아니라, 동물의 당연한 권리니까 지켜야 한다는 거지.

1983년 동물 행동학자 콘라드 로렌츠는 '애완동물' 대신 '반려동물'이라 부르자고 제안했어. 애완동물은 장난감처럼 가지고 노는 사랑스러운 동물이란 의미야. 장난감은 맘대로 사고팔고, 가지고 놀다 버리거나 남에게 주잖아. 하지만 함께 사는 동물은 장난감이 아니라 감정을 서로 나누며 함께 의지하며 사는 '반려동물'이란 거지.

황송하지 : 사람을 문 개는 어떻게 될까요? 개는 사람처럼 변명할 수도 없잖아요.

황소 : 개가 많아지면서 개 물림 사고도 늘어나고 있어. 사고를 일으킨 개를 어떻게 해야 하는지에 대해서는 의견이 분분하지. 위험한 동물이니 안락사를 시켜야 한다, 안락사는 너무 가혹하니까 동물 보호소 같은 곳에 평생 격리해야 한다, 교육시켜서 물지 않는 개로 바꿔야 한다 등등 말이야. 그런데 전문가들은 "사고견을 안락사시키느냐 마느냐는 문제의 핵심이 아니다. 개들은 키워진 상황과 여건에 따라 성향이 바뀐다. 외국에서는 개 물림 사고가 일어나면 왜 물었는지를 분석한다. 이런 데이터들에 의하면 대부분의 개 물림 사고는 예방할 수 있다. 예방의 핵심은 견주에 대한 교육이다.[2]"라고 해.

2 《끊이지 않는 개 물림 사고, 안락사보다 더 중요한 것은》 - 2022.09.19 / 비즈한국

우리나라는 누구나 동물을 쉽게 사서 키울 수 있어. 반면에 동물복지 선진국인 독일, 스위스 등에선 아무나 쉽게 개를 입양할 수 없어. 개를 키우려면 교육을 받고 시험에 합격해야 하지. 입양한 개가 사회에 잘 적응할 수 있게 교육하고 관리할 수 있는 사람만 반려동물을 입양할 수 있는 거야.

황송하지: 그럼 사고견의 보호자도 개 물림 사고의 책임이 큰 거잖아요. 그런데도 개를 안락사시켜야 해요?

황소: 개를 관리하지 못한 보호자의 책임이 크다고 해도, 사람을 문 개를 그냥 둘 순 없어. 피해를 본 사람이 있고, 그 개가 다시 사고를 일으킬 수도 있으니까. 그렇다고 무조건 안락사를 시키는 것은 아니야. 먼저 사고견이 사람과 살기 어려울 만큼 공격적인 개인지 기질 테스트를 해. 교육과 훈련을 받으면 공격성이 줄어드는 개일 수도 있으니까. 기질 테스트 결과를 보고 훈련사, 수의사, 동물행동학자 등 전문가들이 함께 안락사 여부를 결정하지. 그런 뒤에야 시도지사가 사람을 공격한 개에 대해 안락사를 명령할 수 있어.

황송하지의 참고 뉴스

개 물림 사고, 누구의 잘못인가?

개 물림 사고가 끊이지 않고 있다. 소방청에 따르면, 올해 개에게 물려 응급차로 이송된 피해자는 2,216명이다.

개 물림 사고는 반려인(반려동물 보호자)의 부주의와 미성숙한 인식에서 비롯된다. 반려견을 집 밖으로 데리고 나올 때는 목줄이나 가슴줄을 착용해야 한다. 공격성이 높은 맹견은 입마개를 착용시켜야 한다. 그러나 반려인 10명 중 4명은 이런 규정을 모르고 있었다.

동물 보호 센터 관계자는 "사람을 문 동물은 주인의 부주의와 온전하지 않은 사육 환경에서 자라 공격성이 커진 경우가 많다."라며 주인이 반려동물을 돌보는 능력을 기를 수 있는 제도가 필요하다고 지적했다.

동물을 키울 준비 없이 반려동물을 입양하고 부주의하게 관리하는 이상 개 물림 사고는 줄지 않는다. '우리 개는 물지 않아요.'라고 안심하는 순간 내 개가 누군가를 공격할 수 있고, 다른 개에 의해 당신이 피해자가 될 수도 있다.

2024년 06월 오성동물일보

황송하지의 취재자료

반려 인구가 많아지면서, 동물을 싫어하거나 무서워하는 사람들의 불편함도 커졌다. 반려인이 지켜야 할 펫티켓(반려동물 보호자의 예절)을 알아봤다.

동물을 보호하는 법이 있었다!

"나, 회사 일을 집까지 가져가는 거 아주 싫어하는 사람이야. 근무일과 휴일도 엄격히 지킨다고. 그런데 주말 내내 우리와 함께 사는 동물은 어떤 상태인가? 동물의 행복할 권리, 사람과 동물의 관계에 대해 고민했어."

통신문 기자실, 황소가 책상에 두 손을 짚고 일어섰다.

"아~ 그건 저도 마찬가지에용. 주말 내내 일하면서 피자를 두 판이나 먹었다고요."

호리병이 허리띠 구멍을 한 칸 늘렸다. 휴~, 이제 좀 숨 쉴만 하다.

"나도 개를 임시 보호해 보니 동물의 권리에 관해 관심이 생기더라고. 사람이 중심인 세상에서 동물이 어떻게 살지는 사람이 결정하잖아. 어떤 사람과 함께 사느냐에 따라 동물의 삶이 달라지니까."

"통계청 조사에 따르면 우리나라 7가구 중 1가구 정도가 반려동물과 함께 산답니다. 동물과 함께 사는 건 이제 자연스러운 일이에요."

황소의 말을 이어 제갈윤이 말했다.

"간디가 말했죠. 그 나라 국민의 도덕 수준을 알려면, 동물을 어떻게 대하는지 보라고요."

한별님이 휴대 전화 화면을 쳐다봤다. 한별님의 반려묘 찡찡이가 네 발을 쭉 뻗고 잠든 사진이다.

그때 우우우웅 우우우웅, 한별님의 휴대 전화가 진동했다.

"아유 형님, 잘 지내시죠? 네, 어쩐 일이세요?"

한별님이 가입한 얌냠반려묘 동호회원의 제보 전화다.

"아, 그런 일이 있었어요? 네, 네. 좀 진정하시고요. 그게 언

젭니까? 네, 사건 발생 위치는요? 아, 예. 잘 압니다. 네, 저희가 바로 알아보겠습니다. 옙. 곧 연락드리겠습니다."

한별님이 통화하며 기자 수첩에 급히 메모했다. 이마에 주름이 잡혔다.

"무슨 일이야, 한 기자?"

한별님이 통화를 끝내자 황소가 물었다.

"청계동 버들천에 사는 청둥오리 가족이 죽었답니다. 어떤 쓰레기 같은 인간들이 돌을 던졌대요. 지금 용의자를 찾았다네요."

"뭐야? 어떤 흉악한 놈들이 그런 짓을 해? 어떤 놈들이야, 그놈들 잡았대? 어디 파출소래?"

황소가 고함을 질렀다.

몇 달 전, 시와 시민, 환경 단체가 함께 '버들천 살리기' 캠페인을 벌였다. 그 결과 버들천의 물이 깨끗해지자 다양한 물고기들이 생기고 개구리, 너구리 등의 동물이 나타났다. 논병아리, 흰뺨검둥오리, 쇠오리, 청둥오리와 왜가리, 백로 등도 찾아왔다. 청둥오리가 버들천 수풀 둥지에 알을 낳은 모습은 사진

으로 찍어 통신문에 소개했다. 그런데 그 오리 가족을 누가 죽였다는 거다.

"우리 기사 읽고 그런 거 아닐까요? 우리가 청둥오리 소식을 알렸잖아요."

제갈윤이 얼굴을 찡그렸다.

"제가 갈게요."

호리병이 가방을 어깨에 멨다.

"그럴래요? 그럼 이거 가져가요."

한별님이 메모한 수첩을 찢어 호리병에게 건넸다.

"특집 기사의 범위를 더 넓혀야겠어. 개 물림 사고에서 반려동물로 넓힌 거로는 부족해. '우리와 함께 사는 동물'로 더 넓히자고."

황소가 한숨을 쉬었다.

"그러니까 이 두 분이 청둥오리 가족에게 돌멩이를 던진, 그……인가요?"

호리병이 청계 파출소 강찬희 순경에게 물었다.

강 순경이 버들천 오리 학대 사건 담당자다. 그는 용의자 두 명을 조사하고 있었다. 강 순경이 호리병을 힐끔 보더니 고개를 살짝 끄덕였다.

"아, 고개를 왜 끄덕여요? 다짜고짜 끌고 와서는 자백을 하라니, 우린 아무것도 몰라요. 억울하다고요."

해골 무늬가 그려진 티셔츠를 입은 젊은 남자가 호리병과 순경을 번갈아 보며 소리 질렀다. 그는 계속 다리를 떨었다.

"아니 거기에 오리가 사는지, 닭이 사는지 그걸 우리가 어떻게 아냐고요. 우린, 공원 산책하다 영문도 모르고 잡혀 왔다니까요."

후드 티셔츠를 입은 남자가 의자 등받이에 등을 기댔다.

"아~ 모를 수 있죠, 수풀 속에 오리 가족이 사는 거. 저는 여기 앉아만 있을게요. 조사 계속하세요."

호리병이 용의자들 옆으로 의자를 끌어오며 고개를 끄덕였다.

"네. 우린 몰랐다니까요."

두 남자가 동시에 웃으며 고개를 끄덕였다.

강 순경이 용의자들과 호리병을 번갈아 보며 얼굴을 찡그렸다.

"자, 다시 시작합시다. 거기에 안내판도 있습니다. 오리 가족이 사니까 소리를 지르거나 놀라게 하지 말라는 안내판이요."

강 순경이 말했다.

"그런 걸 왜 읽어요? 글이라면 진저리가 나는데."

"내 말이……. 온종일 방에 처박혀서 시험공부 하는 것도 지겨운데, 그딴 안내판까지 읽으라고?"

후드 티셔츠를 입은 남자와 해골 티셔츠를 입은 남자가 고개를 흔들었다.

"다시 묻겠습니다. 버들천 공원에서 둥지에 있던 암컷 청둥오리와 새끼 6마리를, 돌을 던져 죽이지 않았습니까? 근처 CCTV를 확인한 결과, 두 분이……."

강 순경이 질문을 마치기도 전에 후드 티셔츠를 입은 남자가 대꾸했다.

"산책했어요. 아니 개도 산책이 유행인데, 사람이 산책하는 게 범죕니까? 우린 그 공원에 가면 안 되냐고요?"

"나흘 전, 6월 2일에도 버들천 공원에 가셨죠? 그때 두 분이 알을 품고 있는 암컷 청둥오리에게 돌을 던지는 장면이 CCTV

에 찍혔어요. 확인했습니다."

"네. 돌멩이 던졌어요. 근데 그 청둥오리를 맞히진 않았어요. 그러니까 그것들 오늘 아침까지 살아 있었던 거 아닙니까?"

후드 티셔츠를 입은 남자가 당당하게 말했다.

"6월 2일엔 근처에 계시던 할아버지가 말렸으니까요. 그때 실패해서 오늘 다시 간 거 아닙니까? 태어난 지 일주일도 안 된 새끼들까지 다 죽인 거 아니냐고요!"

강 순경이 책상을 내리쳤다. 목소리가 커졌다.

"아, 몰라요, 몰라. 생각 안 나요. 암튼 우린 아무것도 안 죽였어요."

청둥오리 학대 사건의 두 용의자는 의자 등받이에 기대며 팔짱을 꼈다.

호리병은 두 용의자를 보며 조용히 허리띠를 조였다. 배에 힘을 잔뜩 줬더니 허리띠 구멍 2칸을 줄일 수 있었다.

"바쁠 텐데, 취재에 응해 줘서 고마워요."

호리병이 탁자에 커피 세 잔을 내려놨다. 호리병은 오리를 죽인 혐의로 조사를 받는 남자들을 취재하기 위해 파출소 근처 카페에 왔다.

"우리 억울한 사정 좀 정확하게 써 줘요. 우리가 법을 어긴다고요, 법대 지망생인데?"

해골 티셔츠를 입은 남자가 히죽 웃으며 컵을 들었다.

"내 말이……. 경찰이 선량한 시민을 협박해서 죄를 뒤집어씌우는 거라니까. 우린 정말 억울합니다."

후드 티셔츠를 입은 남자가 웃으며 커피 향을 맡았다.

"물론 취재는 정확하게 할 겁니다. 그러기 위해 우리 대화를 녹음해도 될까요? 두 분의 말을 정확하게 기사로 쓰고 싶어서요."

"맘대로 해요. 우린 하늘을 우러러 한 점 부끄럼도 없으니까."

해골 티셔츠를 입은 남자가 말했다.

후드 티셔츠를 입은 남자도 옆에서 고개를 끄덕였다.

"아~ 그럼, 이제 시작하죠."

호리병이 웃으며 휴대 전화를 꺼내 녹음 앱을 켰다.

"오늘 오전, 그러니까 6월 6일 오전 6시경에 버들천 공원에서 속옷만 입고 춤춘 남자들, 두 분 맞죠? 그거 범죄예요, 공연 음란죄."

"미쳤어요, 공원에서 속옷만 입고 다니게?"

"저흰 거기에서 춤추지 않았어요."

호리병 질문에 두 남자가 어이없다는 듯 웃었다.

"그 시간에 공원에 있었던 건 맞군요."

호리병이 미소 지었다.

"아~ 사실은 말이에용, 내가 그 시간에 공원 벤치에서 5만 원을 잃어버렸거든요. 공원 관리 사무소에서 CCTV 보니까 두 분이 벤치 근처에서 뭘 줍더라고요. 내 5만 원 주운 거죠? 그거 범죄예요, 점유 이탈물 횡령죄. 1년 이하의 징역이나 300만 원 이하의 벌금이에요."

"무슨 소리예요? 5만 원 안 주웠어요."

"아니, 누굴 도둑 취급을 해요? 우리가 겨우 5만 원 훔칠 도둑놈으로 보여요?"

호리병의 말에 두 남자가 버럭 소리를 질렀다.

"아~ 그럴 줄 알았어용. 두 분은 5만 원을 안 주웠을 거예요.

난 1만 원짜리 5장을 잃어버렸고 1장은 찾았거든요. 두 분은 내 4만 원을 주운 거예요, 맞죵?"

호리병이 다시 물었다.

"와, 이 아줌마, 사람 잡네. 이봐요, 오리 죽은 거 물어본다면서요? 아줌마, 돈 찾으려고 이러는 거였어요?"

후드 티셔츠를 입은 남자가 소리 질렀다.

"우린 5만 원짜리도, 1만 원짜리도 안 주웠어요. 그냥 돌멩이 주운 거예요. 진짜예요."

해골 티셔츠를 입은 남자가 상체를 호리병 쪽으로 내밀었다.

"아~ 그렇군용. 아, 맞아! 오늘 오전 6시 30분쯤에 동네 할머니가 버들천 산책로에서 돌멩이에 맞았다고 신고했던데, 두 분 짓이군요. 그거 범죄예요, 폭행죄. 2인 이상이 위험한 무기로 폭행한 거니까 아주 심각한 범죄네요."

"뭔 소리예요? 와, 나 미치겠네. 우리가 왜 알지도 못하는 할머니한테 돌멩이를 던져요, 왜요?"

후드 티셔츠를 입은 남자가 벌떡 일어났다. 의자가 요란한 소리를 내며 뒤로 넘어졌다.

"우린 그냥, 건너편 오리한테 던진 거예요. 우리, 사람 해치는 그런 놈 아니에요. 진짜예요."

해골 티셔츠를 입은 남자가 손바닥에 난 땀을 바지에 문질러 닦았다. 얼굴이 붉어졌다.

"아~ 내 말이, 그 말이라니까용. 6일 오전 5시 53분, 청둥오리 가족을 죽인 동물 학대범이 바로 당신들이라는 거죵. 그렇죵?"

호리병이 두 남자에게 눈을 찡긋했다. 그리고 커피를 호호 불어 한 모금 마셨다. 썼다.

황송하지의 취재수첩

청둥오리 가족의 사건을 취재한 호리병 기자에게 물었어요.

황송하지 : 청둥오리 가족을 죽인 사람들은 정말 나빠요. 꼭 감옥에 갔으면 좋겠어요.

호리병 : 완전히 동의! 그런데 내가 어렸을 때만 해도 야생 동물을 학대해도 범죄라고 생각하지 않았어. 천연기념물, 멸종 위기 동물처럼 특별히 보호, 관리받는 동물이 아니라면 말이야. 동물에 관한 관심이 커지면서 우리나라에서도 「동물 보호법」이 만들어졌어. 동물 보호법에 의해 청둥오리를 죽인 범인은 처벌 받을 거야. 하지만 동물을 보호하기에는 아직 많이 부족해.

이런 경우가 있었어. 자기 차에 반려견을 태우고 가다 교통사고를 당한 가족이 있었어. 사람과 반려견은 큰 부상을 당했어. 차도 많이 부서졌고. 사람과 차는 배상을 받았어. 그러나 반려견에 대해서는 손해 배상을 해 주지 않았지. 2024년 현재, 우리나라 법에선 동물은 물건이야. 그러니 동물을 산 가격(물건 값)을 배상해 주면 돼. 그런데 그 반려견은 원래 유기견이었어. 돈을 주고 사지 않았으니 배상할 가격이 없는 거야. 그 반려견은 척추를 심하게 다쳐서 수술하고 재활 치료까지 했지만, 뒷다리가 마비됐어. 병원비도 많이 들었고. 하지만 반려견에 대해서는 아무런 배상을 받지 못했대.

황송하지 : 유기견의 치료비는 배상을 못 받는다고요? 동물의 고통도 배상을 못 받고요? 생각해 보니 동물을 학대해도 처벌이 너무 약하니까 동물을 더 많이 학대하는 거 같아요.

호리병 : 동물을 보호하기 위해 만든 동물 보호법이 있지만 위의 사례처럼 아직 부족한 부분이 많아. 아직 동물의 복지와 권리에 대해 잘 모르는 사람이 많기 때문이야.

법은 그 나라의 상황, 국민 수준에 맞춰 변해. 동물을 어떻게 대하

스페인의 전통 놀이 투우. 동물 학대라는 비판이 높아지며 점점 줄어들고 있다.

는지를 보면, 그 나라 사람의 도덕성 수준을 알 수 있다는 말도 있거든. 동물 복지와 동물 권리에 관한 관심이 커지면서, 학대라 생각하지 않았던 행동들도 '동물에게 불필요한 고통을 준다면 학대'라고 생각하고 있지. 재미로 동물을 죽이는 사냥이나 동물끼리 싸움을 붙이는 투견과 닭싸움은 불법이야. 스페인의 전통 놀이 투우 역시 동물 학대라는 비판이 높아지면서 점점 줄어들고 있어.

  2002년 독일은 헌법으로 동물의 권리를 보장했어. 동물 주인뿐 아니라 국가도 동물을 보호할 책임이 있다는 거야. 대한민국도 '동물은 물건'에서 '동물은 물건이 아니다.'라고 법을 바꾸려 하고 있어. '동물과 사람을 막론하고 생명이 보다 존중받는 사회'를 만들기 위해 '동물은 물건이 아니다.'라는 조항을 새로 만들고 있는 거지. 동물을 물건처럼 함부로 다루거나 학대하는 행동은 줄고, 동물이 받은 피해를 보상하는 건 늘어나길 바라.

  동물 보호법이 동물의 권리를 확대하는 방향으로만 바뀌는 건 아냐. 사람과 함께 사는 동물이 많아지면서 동물에게 피해를 입는 사고도 잦아지고, 동물 때문에 불편해 하는 사람도 많아졌으니까. 반려인은 다른 사람에게 피해가 가지 않도록 반려동물을 더 꼼꼼하게 관리해야 할 의무가 있어. 그리고 이번 개 물림 사고처럼 동물이 사고를 일으킬 경우, 그 보호자는 더 큰 책임을 져야 하지.

황송하지의 참고 뉴스

동물 학대 처벌, 강해져야 한다

　동물 학대 범죄에 대한 시민들의 관심과 우려가 커지고 있다. 동물 학대는 점점 잔인해질 뿐 아니라 최근에는 동물을 학대한 사진과 동영상을 인터넷과 SNS 등을 통해 자랑하는 지경에 이르렀다.

　동물 학대는 언제든 사람을 대상으로 한 범죄로 변할 수 있다. 실제로 동물 학대범이 사람에게 상해를 입힌 경우도 많다. 그 때문에 동물 학대에 대한 엄격한 처벌과 재발 방지가 중요하다. 하지만 2017년부터 2022년 3월까지 동물 학대 사건 4,249건 중에 재판을 받은 건 3%에 불과했다.

　최근에 개와 고양이 1,256마리를 굶겨 죽인 A씨에게 판사가 징역 3년을 선고했다. 동물 보호 단체는 '고통 속에 죽은 수많은 동물을 생각하면 3년 징역형으로는 부족하다. 하지만 이번 판결은 동물 학대를 심각한 범죄로 인정한 첫 판결이라는 점에서 의미가 깊다.'라고 평가했다.

2023년 05월 월간오성

황송하지의 취재자료

1979년 영국의 농장 동물 복지 위원회가 '동물의 5대 자유'를 발표했다. 세계 동물 보건 기구와 각국 정부, 동물 단체들이 '동물의 5대 자유'를 채택했다. '동물의 5대 자유'는 대한민국 동물 보호법에 '동물 보호의 5대 원칙'으로 자리 잡았다. 동물을 기르거나 보호, 관리하는 사람이 지켜야 하는 원칙이다.

1. 동물은 본래의 습성과 신체의 원형을 유지하며 정상적으로 살아야 한다.

발로 땅을 파헤치고 부리로 먹이를 쪼는 본성이 있어. 하지만 난 아무것도 쪼지 못하게 부리를 잘렸고 흙은 본 적도 없지.

2. 동물은 목마르거나 굶주리지 않아야 한다.

3일마다 주인이 물과 음식물 쓰레기를 가져다 줘. 목마르고 배고프고 외로워!

3. 동물이 정상적인 행동을 표현할 수 있고 불편함을 겪지 않게 해야 한다.

4. 동물이 고통과 상처를 당하거나 질병에 걸리지 않게 보호해야 한다.

5. 동물이 공포와 스트레스를 받지 않아야 한다.

3271, 내 이름이야

황송하지는 수업을 마치고 수학 학원 갈 때까지 정은서네 집에서 놀기로 했다.

"너 놀라지 마."

정은서가 현관문 비밀번호를 누르며 황송하지를 돌아봤다. 정은서의 눈이 반짝이고 입가에 슬그머니 웃음이 떠올랐다.

뭔가 재밌는 일이 벌어지겠군.

황송하지는 내심 기대했다.

귀가 커다란 비글이 중문 앞에 매달려 방방 뛰었다. 꼬리가 좌우로 획획 움직였다.

"뭐야? 강아지 입양했어? 언제 입양했어? 왜 나한테 말 안 했어? 비글이야?"

황송하지가 정은서네 현관에 들어서며 질문을 쏟아 냈다.

"우리 달봉이야. 엄청 귀엽지?"

정은서가 거실로 들어가자 비글이 앞발을 들어 매달렸다. 꼬리는 쉬지 않고 좌우로 움직였다. 하지만 황송하지가 머리를 쓰다듬으려고 손을 내밀자 흠칫 놀라 머리를 피했다.

정은서가 거실에 앉아 가방을 열어 개 간식을 꺼냈다. 달봉이가 황송하지 눈치를 보며 슬금슬금 다가와 정은서 앞에 앉았다. 정은서가 '손'이라 말하며 손을 내밀자 달봉이가 앞발을 정은서 손 위에 올렸다. 정은서가 간식을 달봉이에게 내밀었다. 달봉이는 간식을 물고, 베란다 앞에 있는 방석에 가서 먹었다.

"어웅! 앞발로 꽉 잡고 먹는 거 봐. 진짜 귀엽다."

황송하지가 달봉이에게 후다닥 다가갔다.

"달봉이는 뭐 먹을 때 건드리면 싫어해. 갑자기 다가오는 것

도 무서워하고."

정은서가 황송하지 앞을 막았다. 달봉이를 힐끔 돌아보는 정은서 얼굴에 뿌듯함이 가득했다.

간식을 다 먹고 달봉이가 고무공을 물고 다가왔다. 달봉이는 정은서 앞에 공을 내려놨다.

이얏! 정은서가 공을 주방 쪽으로 힘껏 던졌다.

달봉이가 공을 쫓아 달려갔다 금세 공을 물고 되돌아왔다. 꼬리가 힘차게 좌우로 움직였다. 정은서가 공 던지기를 기다릴 때는 혀를 쑥 내밀고 조바심이 나는 듯 앞발을 굴렀다.

"으이궁, 재밌엉?"

정은서가 달봉이 머리를 쓱 쓰다듬고 다시 고무공을 던졌다. 정은서도 달봉이도 신나 보였다. 달봉이가 공을 쫓아 튀어 나갔다.

황송하지는 정은서가 조금 부러웠다. 달봉이가 자기에게도 활짝 웃으며 다가와 매달리고 얼굴을 비볐으면 좋겠다.

"미안, 너 심심하지? 달봉이가 혼자 있었으니까 좀 놀아 줘야 하거든. 아, 이거 보고 있어."

정은서가 휴대 전화를 황송하지에게 건넸다.

"달봉이 찍은 거네? 언제 찍은 거야?"

휴대 전화에는 달봉이 동영상이 수십 개는 되어 보였다. 황송하지는 제일 마지막 영상을 클릭했다.

넓은 잔디 위에서 달봉이가 다른 개들과 신나게 뛰어노는 영상이다. 영상이 끝나자 황송하지는 첫 번째 영상부터 보기 시작했다.

"어, 얘가 달봉이야?"

황송하지가 동영상을 정은서에게 들이밀었다.

이제 달봉이와 터그 놀이를 시작한 정은서가 슬쩍 동영상을 확인했다.

"응."

정은서가 고개를 끄덕였다.

그 동영상 속의 달봉이는 이동 가방 안에 몸을 동그랗게 말고 겁먹은 눈빛으로 주위를 둘러봤다. 작은 화면으로도 달봉이가 무서워서 어쩔 줄 몰라 하는 게 느껴졌다.

황송하지는 달봉이를 쳐다봤다. 왕왕, 큰 소리로 공을 던져 달라 재촉하고, 눈을 반짝이며 신나게 터그 놀이를 하는 달봉이와 동영상 속 달봉이는 전혀 달랐다. 황송하지는 다른 동영상도 봤다.

달봉이가 이동 가방 안에서 몸을 동그랗게 말고 눈치 보는 모습, 거실 에어컨 뒤에 숨은 모습, 소파 밑으로 기어 들어가

부들부들 떠는 모습 등이 찍혔다. 동영상 속 달봉이는 낑낑 하는 소리조차 내지 못했다. 눈동자는 불안하게 주위를 살폈고 꼬리는 다리 사이로 말려 들어갔다.

"놀이 끝! 이따가 누나랑 산책하자."

정은서가 달봉이와 터그 놀이를 끝내고 황송하지에게 돌아왔다.

달봉이는 소파로 뛰어올라 정은서 옆에 앉았다. 달봉이가 정은서 다리에 머리를 괴고 누웠다.

"달봉이 많이 변했지? 처음엔 계속 숨기만 했어."

정은서가 달봉이 이마를 손가락으로 살살 긁어 줬다.

"비글은 너무 활발하고 에너지가 넘쳐서 3대 악마견이라고 하던데, 달봉이는 왜 그랬어?"

황송하지가 정은서에게 휴대 전화를 돌려줬다.

"이거 봐 봐, 우리 달봉이 귀."

정은서가 황송하지에게 달봉이의 귀 안쪽을 보여 줬다.

"이게 뭐야? 3271?"

황송하지가 달봉이 귀를 자세히 살폈다.

달봉이가 불편한지 고개를 흔들어서 정은서 손에서 귀를 뺐다.

"달봉이 이름이었대. 우리 가족이 되기 전에."

정은서는 무슨 비밀이라도 알려 주는 듯, 황송하지 귀에 속삭였다.

"그게 무슨 말이야? 이름을 왜 귀에 써? 아, 그리고 이름이 왜 숫자야?"

황송하지가 손으로 귀를 문지르며 어깨를 움찔했다.

"사실은 달봉이는 실험견이었어. 그래서 이름 대신 숫자로 불렸대. 처음엔 이동 가방 안에서 진짜, 꼼짝도 안 했어. 실험견이었을 때는 우리에서 나오면 고통스러운 실험을 당하니까 그랬나 봐."

"실험견이라고? 무슨 실험?"

황송하지가 물었다. 황송하지는 앞발을 베고 엎드린 달봉이에게서 눈을 뗄 수 없었다.

"고모가 다니는 회사에서 달봉이에게 실험을 했대. 그래도 우리 달봉이는 살았으니까 다행이야."

정은서는 가방에서 간식을 꺼냈다가 잠깐 망설였다. 그러다 다시 간식을 넣었다.

"많이 먹으면 몸에 안 좋아."

"살아서 다행이라니, 실험하다 죽는 개도 있는 거야?"

황송하지가 얼굴을 찡그렸다.

"실험하다가 죽는 개도 있고, 실험이 끝나서 안락사 당한 개도 많대. 우리 달봉이도 죽었을지 몰라."

정은서가 뭔가를 떠올리는 듯 입술을 모았다. 입술을 삐죽거리던 정은서의 눈에 눈물이 고였다.

황송하지가 탁자 위 휴지를 뽑아 정은서 손에 쥐여 줬다.

"개한테 실험하는 거 진짜 짜증 난다, 그치?"

"다른 동물한테 실험하는 거도 완전 완전 열 받아. 너네도 실험견 입양해. 달봉이 같은 애들 엄청 많아. 불쌍해."

정은서가 휴지로 눈을 꾹 누르고 코도 풀었다.

"우리 집엔 강아지가 이미 있어서……. 얼마 전부터 유기견을 임시 보호하고 있거든. 어마어마어마하게 귀여워. 아침에 빨리 일어나서 강아지랑 놀고 싶고, 집에도 일찍 가고 싶다니까. 봐 봐, 귀엽지?"

황송하지가 휴대 전화에서 강아지 사진을 보여 줬다.

"아, 진짜 귀엽다. 귀 봐, 몰랑몰랑한 수제비 같아."

정은서가 두 손을 모아 가슴에 댔다. 자기네 강아지도 아닌데 정은서 눈에 눈물이 고였다.

"얘는 살았네. 태어난 지 한두 달 된 강아지도 입양 못 가서 안락사 당하는 애들 엄청 많아. 너희 가족이 이 강아지 살린 거야. 정말 다행이다!"

"맞아. 유기견을 입양하는 건 진짜 생명을 살리는 일이야. 진짜, 진짜 맞는 말이야."

황송하지도 갑자기 눈물이 핑 돌았다.

"너네 개랑 우리 달봉이랑 만나게 하자. 달봉이가 사람은 좀 피하는데 개한텐 엄청 잘해 줘."

"응. 우리 같이 산책하러 가고 그러자. 아, 생각만 해도 너무 좋다. 근데 정은서, 너 진짜 다시 봤다. 멋있어."

"뭔 소리야? 야야, 빨리 가자. 학원 늦겠다."

황송하지 칭찬에 정은서 귀가 빨개졌다.

"근데 너희 고모 취재해도 돼? 동물 실험에 관해서 물어보고 싶어서."

"어, 글쎄……. 고모한테 물어볼게. 근데 고모가 동물 실험하는 게 너무 마음 아프다고 회사 그만뒀어."

"나도 동물 실험은 못 할 거 같아. 참, 취재할 때 너도 같이 있어 줄 거지? 히히히."

"그래. 나도 네가 어떻게 하는지 궁금……. 으아악! 학원 늦었어!"

정은서가 가방을 메고 문으로 달려갔다.

달봉이가 후다닥 따라갔다.

"누나 금방 와서 산책 시켜 줄게."

정은서가 달봉이에게 손을 흔들었다.

"나도 산책하러 같이 갈게. 안녕."

황송하지도 달봉이에게 손을 흔들었다.

달봉이를 이용해서 동물 실험을 한 정은경 연구원에게 물었어요.

황송하지 : 달봉이가 실험동물이었다고요? 왜 동물에게 실험하는 건가요?

정은경 연구원 : 의약품을 개발할 때 그 의약품이 효과가 있는지, 사용해도 안전한지를 알아야 해요. 살충제나 세제 같은 화학 물질, 식품과 화장품을 개발할 때도 마찬가지고요. 그래서 새로운 제품을 만들 때, 동물에게 실험하는 거예요. 암 치료제를 생각해 볼까요? 암을 치료하려면 암세포가 어떻게 몸에 퍼지는지, 몸에 어떤 영향을 주는지, 통증이 어느 정도인지 등을 알아야 하죠. 그런데 이런 위험하고 고통스러운 실험을 사람에게 할 수는 없잖아요. 그래서 실험동물을 암에 걸리게 하고, 그 암을 고치는 약을 만드는 거예요.

화장품, 샴푸, 비누 등은 피부에 흡수되죠. 그래서 사람 대신 동물의 피부에 화장품과 연고를 발라요. 사람 피부에 스며들어도 안전한지 알아야 하니까요. 또 악명 높은 실험으로 토끼 눈에 눈 화장품을 수천 번 바르는 실험도 있어요.

동물 실험으로 동물의 유전자, 행동 방식, 성장 과정 등을 관찰하기

동물 실험에 이용되는 토끼가 실험실 케이지에 갇혀 있다.

도 해요. 사람과 고릴라의 유전자는 98% 정도 같아요. 침팬지, 오랑우탄 등의 유인원은 사람과 같은 조상에서 갈라졌다고 하잖아요. 유인원을 연구해서 사람의 조상이 어떻게 살았고 어떤 과정으로 지금의 인류로 진화했는지 등을 알아내죠. 또 동물을 이용해서 질병 연구도 해요. 사람은 심장병, 치매에 걸리는데 고릴라는 걸리지 않는대요. 그래서 고릴라를 연구해서 사람의 질병을 고칠 방법을 찾는 거죠.

 수의학, 의학, 생물학 그리고 생명 공학을 공부하는 대학에서도 동물 실험을 해요. 사람을 포함한 동물의 몸 구조를 알고, 질병이 어떻게 걸리고 어떻게 몸에 변화를 주는지 등을 배우기 위해서죠. 수의사는 동물을 진료하고 질병을 고치는 기술도 익혀야 하고요.

황송하지 : 동물 실험에는 어떤 동물들이 이용되나요?

정은경 연구원 : 동물 실험에는 개뿐 아니라 쥐, 기니피그, 원숭이, 토끼, 물고기, 돼지, 새 등 다양한 동물을 이용해요. 우리나라에서 1년 동안 실험동물로 이용된 동물은 2021년 기준으로, 488만 마리 정도예요. 매년 늘어나고 있죠.

황송하지 : 동물 실험에 이용되는 동물이 너무 많네요.

정은경 연구원 : 동물 학대에 반대하는 사람도 동물 실험에는 찬성하는 경우가 많아요. 실험동물에겐 미안하지만, 사람이 사용하는 제품의 효과를 연구하고, 어떻게, 얼마나 사용해야 안전한지 등을 실험해야 하니까요.

하지만 실험동물을 최대한 줄이는 방법을 찾아야죠. 2013년 유럽연합이 동물 실험을 한 화장품의 수입, 유통, 판매를 금지하면서 동물 실험을 줄이는 나라가 늘고 있어요. 우리나라에서도 2017년부터 동물 실험을 실시한 화장품 등의 유통 판매가 금지되었지요.

동물 실험에 반대하지만 새로운 제품을 만들 때 효과와 안전성 실험은 꼭 필요해요. 그래서 동물 실험을 대체하거나 실험동물의 수를 줄이고 고통도 최소화하는 방법을 찾고 있어요. 동물 대신 동물의 체세포, 줄기세포를 이용하는 방법, 죽은 동물을 이용하는 방법이 있고, 3D 기술로 사람의 뇌 모형을 만들어 실험하는 방법도 개발되었어요.

세계 최초로 복제 성공한 원숭이도 실험동물로…

1996년 최초의 복제 동물 돌리가 태어났다. 그 후 소, 돼지, 생쥐, 고양이, 토끼 등 20종이 넘는 복제 동물이 만들어졌다.

최근 중국 연구진은 원숭이 복제에 성공했다고 발표했다. 원숭이는 사람과 유전자가 가장 비슷한 영장류이다. 그래서 이 원숭이들은 파킨슨병 같은 인간의 뇌 질환을 연구하는 실험동물로 쓰일 계획이다. 난치병을 앓는 환자에겐 반가운 소식이다.

하지만 복제 원숭이를 실험동물로 사용하는 데 반대의 목소리도 있다. "자연 상태에서 태어난 원숭이든, 복제 원숭이든 똑같이 귀한 생명이다. 원숭이는 사람과 비슷한 유전자를 가진 만큼 지능과 감정 또한 높다. 그들을 고통스러운 동물 실험에 사용하는 것은 매우 잔인한 짓이며 윤리적으로 옳지 않다."라는 것이다.

동물 실험으로 희생되기 위해 태어난 복제 원숭이, 복제 성공이 마냥 반갑지 않은 이유다.

2018년 01월 한국의료일보

황송하지의 취재자료

동물 실험에 대한 비판이 커지고 실험동물의 복지에 관심이 커지면서 동물 실험에 변화가 시작되었다. 동물 실험 계획안을 '동물실험윤리위원회'에 보고하고, 허락을 받아야 동물 실험을 할 수 있다.

'동물실험윤리위원회'는 동물 실험이 꼭 필요한지, 실험동물에게 얼마나 큰 고통을 주는지 등을 관리한다.

동물 실험을 하려면 3R 원칙에 따라 주세요. 살아 있는 동물을 사용하지 않는 실험 방법을 먼저 찾고(대체. Replacement) 실험동물의 수를 줄이고(감소. Reduction), 마취 등을 해서 고통을 줄여야(개선. Refinement) 합니다.

과거에 초등학교, 중학교에서 했던 동물 해부 수업은 없어졌다.

이 실험이 학생들에게 얼마나 도움이 될까? 차라리 개구리를 소개한 다큐멘터리나 개구리 해부 그림이 훨씬 도움이 될걸. 아휴, 나만 원통하다, 원통해.

닭은 새다

푸드덕. 짙은 갈색 수탉이 두 날개를 활짝 펴고 한별님 머리 위로 날아들었다.

'으아아악' 하고 한별님이 비명을 지르며 웅크려 앉았다. 닭튀김, 닭 볶음, 백숙을 아주 좋아하는 한별님이지만 오늘은 닭이 살짝 무서웠다.

"괜찮으세요?"

건강농장을 운영하는 김주영이 장갑을 벗으며 한별님에게 달려왔다. 건강농장은 오성시에서 유일하게 농림식품축산부로부터 동물복지 인증을 받은 닭 농장이다.

"날아다니는 닭은 처음 봅니다. 이렇게 산과 들에 풀어놓고 키웁니까?"

한별님이 닭들을 둘러봤다.

수천 마리는 될 법한 닭들이 자유롭게 돌아다니며 발로 흙을 파헤치고, 부리로 지렁이나 다양한 풀에서 떨어진 씨앗 등을 쪼아 먹었다.

"닭이 잠자는 시간만 축사 문을 닫아요. 햇볕이 뜨겁거나 자고 싶을 땐 닭들이 알아서 축사로 들어가죠."

김주영이 한별님을 닭 축사로 안내했다.

축사는 큰 비닐하우스였다. 지붕에는 차광막을 덮어 햇빛을 가렸다. 천장엔 대형 환기 팬 여러 개가 돌아가며 공기를 순환시켰다. 벽을 감싼 비닐은 위아래로 나뉘어 있는데 아래쪽 비닐을 감으면 마치 창문을 연 것처럼 바람이 통했다. 축사 바닥은 깔짚(톱밥)과 모래를 깔아 푹신했다.

"닭을 닭장에 가둬 키우는 줄 알았습니다."

"공책만 한 좁은 닭장을 층층이 쌓고 닭을 가둬 키우는 배터리 사육장도 있죠."

"배터리 사육을 하면 닭을 더 많이 키울 수 있으니까 달걀도 더 많

이 생산할 수 있을 거 같은데요. 왜 건강농장은 배터리 사육을 안 하고 방목을 합니까?"

한별님이 물었다.

"배터리 사육장은 좁아서 닭이 날개를 펼 공간도 없어요. 닭들이 스트레스를 받아서 자기 몸을 쪼거나 옆의 닭을 공격하는 경우도 많죠. 그래서 아예 닭의 부리를 자릅니다. 전 가축이라도 사는 동안은 건강하고 편하게 살게 해 주고 싶거든요. 고통을 당하는 닭이 낳은 달걀을 사람에게 먹이기도 싫고요."

김주영이 고개를 저었다.

"행복한 닭이 건강한 달걀을 낳는다는 말씀이죠?"

"방목한 닭이 좁은 곳에 갇혀 사는 닭보다 건강하니까요."

"그렇게 확신하는 이유라도 있습니까?"

한별님은 김주영에게 물었다.

"매년 조류 독감이 발생하고 수십만 마리를 살처분하죠. 하지만 저희 농장 닭들은 조류 독감에 걸린 적이 없어요."

"정말입니까? 조류 독감은 야생 조류가 옮기는 병이잖습니까. 건강농장처럼 풀어서 키우는 닭은 더 자주 야생 조류를 만날 거고, 그럼 전염될 확률이 높을 거 같은데요."

"저희 닭들은 자유롭게 돌아다니며 운동하고, 편하게 쉬고 자니까 면역력이 높습니다."

"하긴 제가 봐도 이곳 닭들은 아주 건강해 보입니다. 막 날아다니니까요. 하하하."

한별님이 큰 소리로 웃었다. 김주영의 자신감이 마음에 들었다.

"닭도 새예요. 날갯짓은 닭의 본능입니다. 돈을 벌기 위해 닭을 키우지만 제가 돌보는 동안은 닭들이 행복했으면 좋겠습니다."

김주영의 표정이 진지했다.

"감사합니다. 동물을 사랑하는 사람으로서도 감사하고 달걀 소비자로서도 감사합니다. 기자로서도 기분 좋고 흐뭇하고요."

한별님은 닭들 사이에 선 김주영의 사진을 찍고 건강농장을 떠났다.

다음에 한별님이 도착한 곳은 대박농장이다.

돼지 꿀꿀거리는 소리로 항상 시끄럽던 농장이 조용했다. 심지어 코를 막아야 했던 지독한 똥 냄새도 나지 않았다. 농장 주변 흙은 생석회가 섞여 희끗희끗했다. 시멘트의 재료인 생석회는 병균을 소독하는 효과가 있다.

한별님은 돼지 축사로 이어진 길을 걸어 올라갔다. 아무도 보이지 않고, 축사에도 돼지가 없었다.

"누구세요?"

뒤에서 한별님을 부르는 소리가 들렸다. 농장 주인의 부인 지순영이다. 지순영은 커다란 쓰레기봉투를 들고 있었다.

"접니다. 통신문 기자 한별님요."

한별님이 지순영에게 한두 걸음 다가갔다. 예전에 돼지 열병을 취재할 때 본 활기 넘치던 웃음은 사라지고 움푹 들어간 눈과 깊은 팔자 주름이 눈에 들어왔다.

"아, 네. 기억, 나요. 전에 취재하러 오셨던……. 그런데 어쩐 일이세요? 저희는 이제 돼지 안 키우는데요."

지순영이 살짝 웃었다. 뭔가 숨기고 싶어 하는 어색한 웃음이었다.

"이 근처에 취재하러 왔다가 인사라도 드릴까 하고요. 남편 분은 안 계십니까?"

"아, 저기, 애들 아빠는 좀……."

지순영이 다시 어색한 웃음을 지었다.

"아유, 이게 누구야? 한 기자님 아닙니까? 여긴 어쩐 일이에요? 이거 참, 오랜만에 보네요."

대박농장 주인인 김병훈이 축사로 걸어오다가 한별님을 알아보곤 서둘러 다가왔다.

"얘기 나누세요. 저는 이만 가 볼게요."

지순영은 여기저기 버려진 생석회 비닐을 쓰레기봉투에 주워 담으며 멀어졌다.

"애들 엄마가 많이 변했죠?"

김병훈이 아내의 뒷모습을 턱짓하며 한별님에게 물었다.

"네. 웃음이 많은 분이셨는데요."

"그랬죠. 그러고 보니 저도 웃어 본 지 오래되었네요."

김병훈이 중얼거리며 고개를 끄덕였다.

"무슨 일이 있었던 겁니까? 돼지는 다 어디 가고요."

"다 갔어요. 끝났어요, 다 몽땅 다!"

김병훈이 두 손바닥을 들어 보였다.

"아이고, 진짜 뭔 큰일이 있었나 보네요. 저한테 말씀해 보세요. 할 수 있는 건 뭐든 돕겠습니다."

한별님이 김병훈의 손을 잡고 근처 의자로 이끌었다.

한별님은 의자에 쌓인 먼지를 후후 불었다. 누런 흙먼지가 흩어졌다.

"우리 돼지가 아프리카 돼지 열병에 걸렸어요."

김병훈이 고개를 숙이고 두 손을 무릎 사이에 밀어 넣었다.

"지난겨울에 아프리카 돼지 열병이 심했는데 여기도 그랬군요."

"다 끝났죠. 그냥 한순간에 다 끝나더라고요."

"그럼 돼지는 어떻게 됐어요?"

"살처분했어요. 2마리가 걸렸는데 몽땅 다 살처분해야 한다네요."

김병훈이 한별님을 물끄러미 쳐다봤다. 눈에 눈물이 고였다.

"제가 30년 동안 돼지를 키웠는데 말이에요. 살처분이 뭔지 몰랐어요. 진짜예요."

김병훈이 마른침을 삼켰다. 눈물이 얼굴을 타고 흘러 바닥에 뚝뚝 떨어졌다.

"아휴, 어떻게 그런 일이……. 멧돼지한테 옮았나?"

한별님이 쭈그려 앉아 김병훈의 손을 잡았다.

"돼지 400마리를 저기 저 뒤에 구덩이를 파고 다 묻었어요. 온몸이 막 떨려서 전 못 봤는데 애 엄마 말로는 산 채로 묻었대요."

김병훈이 축사에서 산으로 이어진 넓은 공터를 가리켰다. 풀이 무성했던 공터는 최근에 갈아엎은 듯 붉은 흙이 보였다.

한별님은 문득 황송하지가 들려준 동화책 내용이 떠올랐다. 평생 좁고 지저분한 우리에 갇혀 살던 돼지들이 태어나서 처음으로 나온 산책이 바로 죽음의 길이었다며 황송하지는 꺼이꺼이 울었다. 한별님도 전염병에 걸린 돼지들을 산 채로 묻었다는 것에 충격 받았다.

"가축들이야 다 그렇게 살다 가는 거잖아요. 평생 우리에 갇혀 살다 사람한테 먹히는 거잖아요, 안 그래요? 그런데 제가 잘못 생각한 거 같단 말이에요. 아무리 가축이라도 사는 동안은 행복하게 살 수도 있는 거 아닌가, 자꾸 이런 생각이 들고 너무 미안하네요. 요즘도 돼지 울음소리가 계속 들려요."

김병훈이 손등으로 거칠게 눈물을 훔쳤다.

"아휴, 이제 제발 정신 좀 차려! 들리긴 뭐가 들린다고 그래? 내가 산 너머까지 다 확인하고 왔어. 돼지 없다니까."

지순영이 다가오며 소리쳤다.

"기자님, 그냥 가세요. 이 양반 지금 인터뷰할 정신없어요."

지순영이 한별님에게 손을 저었다.

한별님은 주위를 둘러보며 주차장으로 천천히 내려갔다. 그제야 사람이 들어가 소독하는 방역 부스와 농장을 드나드는 차를 소독하는 발판 소독조가 눈에 띄었다. 휴우, 한별님은 깊은 한숨을 내쉬며 대박농장을 떠났다.

닭 농장과 돼지 농장을 취재한 한별님 기자에게 물었어요.

황송하지 : 대박농장 돼지들이 전염병에 걸렸다고요. 가축 전염병은 어떤 게 있나요?

한별님 : 우리나라에서 문제가 되는 가축 전염병은 돼지 열병과 아프리카 돼지 열병, 구제역, 조류 독감 등이 있어. 아프리카 돼지 열병은 돼지에게 아주 위험해. 구제역은 소나 돼지, 말처럼 발굽이 2개로 나뉘는 동물에게 전염되는 병이야. 조류 독감(AI)은 닭과 오리, 거위 등의 조류가 걸리는 병이지.

황송하지 : 대박농장 주인은 돼지들을 살처분한 걸 후회하는 거 같아요. 왜 자기 돼지들을 치료하지 않았을까요?

한별님 : 가축 전염병은 국가가 직접 관리해. 가축 대부분은 좁은 우리에 여럿이 갇혀 살아. 그래서 전염병이 발생하면 옆의 동물들에게 빨리 퍼지지. 가축 전염병은 우리 생활에도 영향을 줘. 가축의 공급이 줄면 가격이 올라가니까 경제적으로 피해를 본다. 그래서 국가가 가축 전염병을 예방해. 가축에게 전염병 백신을 맞게 하고, 항생

제 등을 먹이지. 개나 고양이도 1년에 1번 공수병(광견병) 예방 주사를 맞잖아.

　가축 전염병이 발생하면 증상을 보이는 가축을 치료할 시간이 없어. 전염병에 걸린 동물과 그렇지 않은 동물을 구분할 시간도 부족하고, 그런 일을 할 사람도 부족해. 그래서 전염병이 발생한 농장의 모든 가축을 살처분(가축을 죽여 땅에 묻거나 태우는 것)하는 경우가 많아.

　황송하지 : 건강농장 닭들은 건강해서 전염병에 걸린 적이 없다면서요. 혹시 대박농장도 건강농장처럼 돼지를 방목했으면 전염병이 발생하지 않았을까요?

　한별님 : 대박농장은 공장식 사육을 했어. 일꾼을 줄이고 자동화 기계를 써서 '공장식'이라고도 하고, 가축을 기계처럼 대해서 '공장식'이라고도 해. 목적은 가축을 키우는 데 드는 비용은 최대한 줄이고 가축을 팔아 버는 이익은 최대한 늘리는 거야. 그러려면 정해진 크기의 우리에서 더 많은 가축을 더 빨리 키워야 하지. 가축의 습성, 건강 등은 무시하고 말이야.

　건강농장은 산과 들에 닭을 놓아 키워. 닭이 많이 움직이고 스트레스가 적으니까 면역력이 높아. 면역력이 높으면 병에 걸릴 확률이 적지. 건강농장처럼 '동물의 생명과 존엄성을 존중하고, 동물이 본능적인 행동을 할 수 있는 환경'에서 가축을 키우는 농장은 동물 복지 인증을 받아.

황송하지 : 저라면 공장식 농장에서 키운 가축보다 방목한 가축을 선택할 거 같아요. 가축이라도 사는 동안은 건강하게 잘 살기 바라니까요.

한별님 : 공장식 농장의 동물들이 얼마나 비참하게 사는지 알려지자 황송하지처럼 생각하는 사람이 많아졌어. 가축이라도 사는 동안은 자기 본성에 맞는 환경에서 살아야 한다고 말이야. 가축에게 성장 촉진제, 항생제 등이 섞인 사료를 먹이는 것도 반대했지. 사람의 건강에도 나쁜 영향을 줄 수 있으니까.

농장에도 변화가 시작되어서 동물 복지에 신경 쓰는 농장들이 늘었어. 유기 사료를 먹이고, 넓은 산과 들에 가축을 놓아기르는 방목 농장도 생겼지. 정부는 동물 복지 인증 제도를 만들어서, 동물 복지를 지키는 농장의 축산물에 마크를 달아 줘. 소비자는 동물 복지 인증 마크를 보고, 동물이 어떤 환경에서 자랐는지 알 수 있지.

황송하지의 참고 뉴스

달걀 껍데기에 적힌 글자의 의미는?

최근 오성시 소비자연맹에서 조사한 '달걀 사육 환경 표시제를 아는지?' 묻는 말에 응답자의 22%만 정확하게 안다고 대답했다. 대강 안다는 50%, 전혀 모른다는 답은 28%였다. '달걀 사육 환경 표시제'는 소비자에게 정확한 정보를 제공하고 생산자의 책임감을 높이기 위해 2018년부터 시행했다. 달걀 사육 환경을 달걀 껍데기에 총 10자리의 숫자와 알파벳으로 표시하는데, 산란 일자 4자리 숫자와 생산자 고유번호 5자리, 사육환경번호 1자리다. 달걀 껍데기에 적힌 글자의 의미를 알면, 신선하고 건강한 환경에서 생산한 달걀을 선택할 수 있다.

사육 환경은 닭을 사육하는 환경에 따라, 1번은 방사 사육, 2번은 평평한 축사, 3번은 조금 넓어진 케이지 사육, 4번은 원래의 케이지로 표시한다. 3, 4번 케이지는 A4용지보다 좁다.

2024년 2월 월간오성

황송하지의 취재자료

공장식 사육 농장과 동물 복지 농장에서 사는 동물들의 하루를 비교했다.

공장식 사육 농장

우리가 좁고 더러워. 내가 싼 오줌똥을 밟고 그 위에서 자야 하지. 우린 꼬리도 송곳니도 없어. 심심한 돼지가 옆의 돼지 꼬리를 물까 봐 새끼 때 다 잘라 버렸거든.

나는 A4용지보다 작은 닭장에서 달걀만 낳아. 움직일 수도, 날개를 펼 수도 없어. 햇빛을 보지 못해서 낮과 밤도 몰라. 전등불이 켜지면 낮인 거지. 참, 스트레스 때문에 내 몸이나 다른 닭을 공격할까 봐 부리를 잘랐대. 스트레스 받지 않는 농장으로 바꿀 생각은 없는 걸까?

동물 복지 농장

우린 깨끗하고 영리해. 땅 파는 걸 좋아하고 호기심도 많아. 우리 농장은 바닥에 왕겨를 깔아서 대소변 냄새도 별로 안 나고 깨끗해. 유럽 국가들은 돼지에게 장난감을 준대. 우린 꼬리를 자르지 않아.

아침에 배불리 사료를 먹고 사육장 문이 열리면 들판으로 달려가서 대소변을 봐. 부지런히 땅을 파서 곤충이나 식물 씨앗을 찾아 먹기도 하지. 가끔은 날갯짓도 해. 이래 봬도 나 새라니까!

5장
사지 말고 입양하세요

"아잉, 우리 토토 신났네, 신났엉."

황송하지 가족이 임시 보호하는 백구에게 토토라는 이름이 생겼다.

황송하지가 품에 안은 토토를 아파트 화단 쪽으로 내밀었다. 토토가 라일락꽃에 코를 대고 냄새를 맡았다. 작은 코가 벌렁거렸다.

"어우! 너 너무 귀엽다!"

정은서가 달봉이의 목줄을 잡고 빠른 걸음으로 다가왔다. 정은서가 토토의 머리를 살짝 쓰다듬었다.

달봉이도 토토가 보고 싶은지 앞발을 황송하지 다리에 기대고 두 발로 일어섰다. 황송하지랑은 아직 친해지지 않았지만 토토에겐 관심이 많아 보였다.

오늘은 정은서네 아파트 단지와 이어진 와우산 공원에 가기로 했다. 황송하지는 품에 토토를 안고, 정은서는 달봉이를 이끌고 와우산과 연결된 육교로 향했다.
"쟤도 아기다."
정은서가 육교 맞은편에서 다가오는 푸들을 가리켰다.
달봉이가 그 푸들에게 다가갔다. 푸들도 꼬리를 흔들며 달봉이에게 다가왔다. 그러자 목줄을 잡은 아주머니가 푸들을 냉큼 안아 들었다. 푸들이 품에서 벗어나려고 발버둥을 쳤다.
"얘가 또 왜 이래? 엄마 바빠요, 얼른 가야지."
아주머니는 정은서와 황송하지에게 어색한 웃음을 지어 보이고, 발버둥 치는 푸들을 안고 황급히 가 버렸다.
"왜 못 놀게 하지? 우리 토토랑 친구 하면 좋은데."
황송하지가 토토 머리에 턱을 살짝 댔다.

"진짜 이해가 안 가는데, 개들끼리 놀다 보면 바닥에서 뒹굴기도 하고 그렇잖아. 지저분해지니까 싫은가 봐."

정은서는 다른 개랑 놀지 못하게 하는 사람이 꽤 많다고 했다.

육교를 지나 햇빛광장에서 와우산 산책로에 들어서는데 수풀 속에서 회색 개 한 마리가 다가왔다. 회색 개는 달봉이에게 다가와 엉덩이 냄새를 맡았다. 바닥에 쓸릴 만큼 길게 자란 털이 뭉쳐 오이처럼 주렁주렁 매달렸다. 코까지 내려온 털이 눈을 가려 잘 볼 수도 없을 것 같았다.

"얘, 엄청 지저분하다."

황송하지가 토토를 꼭 안고 뒤로 물러났다.

"그래도 착한 개야. 내가 봄이라고 이름도 지어 줬어."

정은서는 어깨를 가로질러 멘 가방에서 간식을 꺼냈다. 달봉이 입에 간식을 물려 주고, 봄이에게도 하나를 내밀었다.

달봉이가 꼬리를 천천히 흔들며 봄이의 냄새를 맡다가 정은서가 내민 간식을 물었다.

봄이 꼬리도 정신없이 흔들렸다.

짭짭. 황송하지가 봄이가 간식 씹는 모습을 흉내 냈다. 황송하지는 봄이를 자세히 살폈다. 지저분한 털 뭉치처럼 보이지만 분명 봄이는 말티즈다. 아주 맛있게 간식을 먹지만 제대로 씹지는 못하는 듯 보였다.

"우리가 쟤 주인 찾아 줄까? 전단지 만들어서 여기저기 많이 붙이면 누군가 봄이를 알아볼지도 몰라."

정은서가 황송하지를 돌아봤다. 아주 진지한 표정이다.

"좋아, 난 봄이 임시 보호할 사람이 있나 알아볼게."

황송하지는 정은서의 얼굴을 쳐다봤다. 매일 보는데도 요즘 친구가 새롭게 느껴진다.

정은서와 황송하지는 천천히 아파트 단지를 향해 되돌아 걸었다. 슬쩍 뒤돌아보니, 봄이도 따라오고 있다.

어느새 봄이는 정은서 옆에서 걷고 있었다. 살랑살랑 꼬리를 흔들며 통통 가벼운 발걸음으로. 하지만 햇빛광장을 지나 육교에 도착하자 봄이가 주위 눈치를 보며 뒤로 물러났다.

정은서가 육교로 이어지는 비탈길 앞에 쭈그려 앉았다. 가방에서 반려견 물병을 꺼내 달봉이에게 내밀었다. 달봉이가 물을 챱챱챱 마시자 정은서는 봄이에게도 물병을 내밀었다.

봄이가 슬금슬금 다가오다 흠칫 놀라 뒤로 물러났다. 그러다 다시 꼬리를 흔들며 다가오고 다시 뒤로 물러나기를 반복했다. 그러다 갑자기 육교를 보며 요란하게 짖었다. 앙앙앙 앙앙 앙앙. 봄이가 꼬리를 만 채 달아났다.

할아버지 한 분이 웰시코기를 데리고 육교를 건너오고 있었다.

"반려견이랑 산책 나왔니?"

"네. 근데 얘 웰시코기 맞아요? 꼬리 긴 웰시코기는 처음 봐요."

황송하지가 할아버지 옆에 앉은 개를 가리켰다.

"웰시코기 꼬리는 원래 길고 풍성해. 그래서 웰시코기가 소몰이할 때 소에게 꼬리를 밟힐까 봐 꼬리를 자른 거지. 근데 요즘엔 그냥 꼬리를 잘라. 개도 가족이라면서 꼬리를 자르는 게 말이 돼? 우리 몽이 봐라. 꼬리가 얼마나 탐스럽고 예쁘냐?"

"전 몰랐어요. 꼬리 자를 때 얼마나 아플까?"

황송하지가 손을 내밀자 웰시코기가 킁킁 냄새를 맡았다.

"맞아요. 푸들이랑 코커스패니얼, 슈나우저도 꼬리를 자른대요. 개는 꼬리로 의사 표현을 하잖아요. 아, 도베르만이랑 핏불테리어는 귀도 자르죠. 으, 너무 잔인해."

정은서가 얼굴을 찡그렸다.

"난 진짜 그 개들이 원래 꼬리가 짧고 귀도 작은 줄 알았어. 아니 남의 꼬리랑 귀를 왜 잘라? 그게 무슨 의미가 있어? 진짜 입장 바꿔 생각하면 그런 짓 못할걸!"

황송하지 목소리가 커졌다.

"자기 개 꼬리나 귀가 잘린 걸 모르는 사람도 많을 게다. 개 파는 사람들이 아예 잘라서 파니까."

햇빛광장을 가로질러 온 한 아저씨가 세 사람 대화에 끼어들었다. 입마개를 한 도베르만이 아저씨 옆에 앉았다.

"와! 귀가 늘어진 도베르만 처음 봐요. 귀여워요."

정은서가 도베르만 머리를 쓰다듬으려다 멈칫했다.

"우리 킹은 맹견 훈련을 받아서 아주 예의 바르지. 우리 가족들도 다 맹견 교육을 받았고."

아저씨가 뿌듯한 표정으로 킹을 봤다.

"그런데 쟤는 누구한테 해코지를 당했는지, 사람을 좋아하면서도 겁을 내."

할아버지가 멀찍이 앉은 봄이를 가리켰다.

황송하지, 정은서, 아저씨가 봄이를 돌아봤다.

"저희가 쟤 가족 찾아 주려고요."

정은서가 말했다.

"아이고, 착하네. 근데 가족이 나타나겠니? 늙고 병들었다고 버린 거면 어쩌니? 나도 동물 보호소에 신고할까 했는데, 괜히 좁은 철창에 갇혀 있다 안락사를 당하면 안 되잖아. 자유롭게 며칠이라도 더 사는 게 낫지. 어휴, 쯧쯧."

할아버지는 세 사람에게 손을 흔들고, 몽이와 햇빛광장으로 걸어갔다.

아저씨와 킹도 육교를 건너 아파트 단지로 들어갔다.

황송하지와 정은서도 천천히 육교를 건너갔다.

앙앙앙. 봄이가 허둥지둥 쫓아왔다. 하지만 육교를 건너진 못했다. 앙앙앙. 봄이가 육교 건너편에서 안절부절못했다.

"봄이야, 조금만 참아. 우리가 널 위해서 뭐라도 해 볼게."

정은서가 봄이에게 손을 흔들었다.

황송하지는 품에 안긴 토토를 내려다봤다. 볼록한 배가 천천히 오르락내리락하고, 통통 뛰는 심장 박동이 가슴에 느껴졌다. '우리 토토는 내가 지켜야지.'라는 생각이 들었다. 갑자기 눈이 뜨거워지고 눈물이 날 것 같다. 봄이에게도 안전한 집, 사랑하고 보호해 줄 가족이 필요하다.

"우리가 꼭 가족 찾아 줄게. 그때까지 잘 버텨!"

황송하지가 봄이에게 외쳤다.

봄이가 황송하지와 정은서에게 꼬리를 흔들었다. 그리고 햇빛광장을 지나 풀숲으로 사라졌다.

황송하지의 취재수첩

오성시 동물 보호소 김한영 소장에게 물었어요.

황송하지: 지역마다 동물 보호소라는 곳이 있더라고요. 동물 보호소는 어떤 곳인가요?

김한영 소장: 보호자가 잃어버렸거나 버린 동물을 구조해서 보호하는 곳입니다. 예를 들면 길을 떠도는 주인 없는 개가 있다는 신고를 받으면, 저희가 구조해서 보호소로 데려와요. 보호소의 수의사가 기본 건강 관리를 해 주고, 7~20일 동안 알리면서(공고) 보호자를 기다리죠. 보호자가 나타나지 않으면 새 보호자가 입양할 때까지 동물을 보호하고요. 보호하는 동물이 입양될 수 있도록 홍보도 합니다. 보호소 동물에게 사람과 함께 사는 훈련도 시키죠. 입양하려는 사람에게 반려동물 교육도 합니다. 동물에 대해 모르면서 쉽게 입양했다가 감당할 수 없어서 버리는 사람이 많으니까요. 또 보호하고 있는 동물이나 길고양이, 방치된 개의 중성화 사업도 합니다. 보호자 없는 동물 수가 늘어나면 결국 안락사를 시키게 되니까요. 보호소엔 한두 달 된 강아지가 많은데 면역력이 약하기 때문에 보호소 생활을 못 버티고 죽는 경우도 많고요. 저희는 동물 등록제에 따라 입양된 동물에겐 내

장형 동물 등록을 해 줍니다. 반려동물과 보호자에 대한 정보를 전국 시·군·구청에 등록하는 거죠. 참, 입양 보낸 동물이 잘살고 있는지도 확인하고요.

황송하지 : 우아! 동물 보호소에서 엄청 많은 일을 하시네요. 동물을 보호하는 보람이 크실 거 같아요.

김한영 소장 : 유기 동물의 보호자가 나타났을 때나 새 보호자에게 입양될 때는 정말 기쁩니다. 하지만 보호소 사육장에 갇힌 동물들에 대한 미안함과 안타까움이 더 큽니다.

유기 동물이 아파서 극심한 고통을 겪는 경우나 사람과 살기 어려울 정도로 사나운 경우를 제외하곤 유기 동물을 안락사시키지 않는 곳도 있습니다. 하지만 한계에 부딪혔습니다. 1년 동안 전국의 동물 보호소에 들어온 유기 동물은 12만 마리 정도, 개인이 하는 곳을 포함하면 훨씬 많습니다. 보호소와 직원들이 감당할 수 없는 상태죠. 최근에 직원이 1명이 200여 마리의 동물을 보호하던 보호소에서 동물이 굶어 죽는 일이 발생했어요. 여러 마리가 함께 있으면 약한 아이들은 먹이를 못 먹기도 하거든요. 하지만 너무 바쁘니 일일이 챙길 수 없죠.

동물 보호소 동물 중에 보호자가 찾아가는 건 12%, 안락사와 자연사(아픈 상태로 보호소에 들어오거나 보호소에서 전염되어 죽는 경우, 보호자에게 버려진 충격과 낯선 곳에 갇힌 충격으로 죽는 경우, 다른 동물들에게 공격당하는 경우)는 42%, 새 보호자에게 입양된 경우는 33% 정도입니다.

황송하지 : 우리가 동물을 대할 때, 주의해야 할 점이 있나요? 알려 주세요.

김한영 소장 : 2020년 기준으로 반려동물을 키우는 가구가 312만 가구나 됩니다. 하지만 반려동물이 죽을 때까지 함께 사는 경우는 20%에 불과하죠. 그러니 반려동물을 쉽게 입양하지 마세요. 그리고 반려동물을 키우고 싶다면 펫 숍에서 사지 말고 유기 동물을 입양하세요. 동물을 학대해서 새끼를 낳게 하는 강아지 공장은 없어져야 합니다. 독일에선 반려견의 번식을 엄격하게 관리합니다. 동물을 파는 동물 가게도 없죠. 전문적인 사육사(브리더)에게 사기도 하지만 대부분은 동물 보호소에서 입양해요.

길고양이 관련해서도 알려 드릴 게 있습니다. 길고양이를 도와주려고 집에 데려가거나 보호소에 데려오는 사람이 있습니다. 길고양이는 야생 동물이라 동물 보호소에서 구조하지 않아요. 하지만 상처를 입은 길고양이나 어미가 없어서 도움이 필요한 새끼 고양이, 사람과 살다 버려진 고양이는 저희가 구조합니다. 그리고 가급적 새끼 고양이는 만지지 마세요. 새끼 고양이에게서 사람 냄새가 나면 어미가 새끼를 버릴 수 있어요. 어미 없이 있는 새끼 고양이를 발견하면 진짜 어미가 없는지 잘 살펴보고 보호소로 연락해 주세요.

황송하지의 참고 뉴스

동물을 버린 사람의 죄책감을 이용한 신종 펫 숍

'안락사 없는 보호소'라고 홍보하던 보호소가 개, 고양이 100여 마리를 죽였다는 것이 밝혀졌다. 이 보호소는 '개, 고양이를 맡기면 좋은 가정에게 입양 보내 준다.', '입양을 못 가도 안락사시키지 않고 잘 보호한다.'고 홍보했다. 그 대가로 동물을 맡기는 사람에게는 거액의 보호비와 치료비 등을 받고, 입양하는 사람에겐 책임비로 큰돈을 요구했다. 하지만 맡겨진 동물은 보호는커녕 한 달이 지나도록 입양이 되지 않자 죽임을 당했다. 새로 들어온 동물에게 자리를 내줘야 했기 때문이다.

이 사건을 파헤친 동물 보호 단체는, 이 보호소는 신종 펫 숍이라 말한다.

이런 신종 펫 숍을 단속하는 것도 중요하지만, 근본적인 해결책은 신중하게 동물을 입양하고 책임감 있게 동물을 보호하는 것이다.

2023년 05월 오성동물일보

1978년 유네스코는 '세계 동물 권리 선언'을 발표했다. 모든 생물은 생존의 권리를 가지며 학대와 잔혹 행위의 대상이 되어서는 안 된다는 것이다. 이 선언은 여러 나라 동물 보호법의 기준이 되었다. '세계 동물 권리 선언'을 찾아봤다.

<세계 동물 권리 선언>

제 1조 모든 동물은 태어나면서부터 평등한 생명권을 가진다.
제 2조 인간도 동물의 한 종이다. 인간은 다른 동물을 몰살시키거나 비인도적으로 착취할 권리가 없다. 모든 동물은 인간의 관심, 돌봄, 보호받을 권리를 가진다.
제 3조 어떤 동물도 학대를 받으면 안 된다.
제 4조 모든 야생 동물은 자연환경에서 자유롭게 살고 자손을 낳고 키울 권리를 가진다. 인간은 교육적인 목적을 위해서라도 동물의 자유를 빼앗아서는 안 된다.
제 5조 인간에게 의존해 사는 동물이라도 고유한 특성에 맞게 살고 성장할 권리를 가진다.
제 6조 동물은 자연 수명을 다하도록 살 권리가 있고, 동물을 유기하는 것은 잔인한 행위이다.
제 7조 인간을 위해 일하는 동물은 적절한 시간 동안, 무리하지 않을 정도로 일해야 한다. 충분한 영양분과 휴식을 줘야 한다.
제 8조 동물에게 신체적, 심리적 고통을 주는 동물 실험은 동물의 권리를 침해한다. 동물 실험을 대체할 방법을 찾아야 한다.
제 9조 식품 산업에 사용되는 동물이라도 고통과 두려움을 받지 않게 사육, 운송, 휴식, 도살되어야 한다.

제 10조 어떤 동물도 인간의 오락 목적으로 이용돼서는 안 된다. 동물을 구경거리로 만드는 건 동물의 존엄성을 침해한다.
제 11조 불필요한 동물 살해는 생명 파괴이자 생명에 반하는 범죄다.
제 12조 야생 동물을 대량 살해하는 건 집단 학살이고 종에 반하는 범죄다. 자연환경을 오염시키거나 파괴하는 건 종의 멸종을 불러올 수 있다.
제 13조 동물의 사체는 존중하여 다루어야 한다. 동물이 고통받는 장면은 교육 목적이 아니라면 영화, 텔레비전에서 금지되어야 한다.
제 14조 동물권은 인권과 마찬가지로 법의 보호를 받아야 한다.

관람객의 즐거움이 동물의 고통보다 중요할까?

"저, 뱀 만져 봤어요."

황송하지가 기자실 문을 벌컥 열고 들어오며 소리쳤다.

"뱀을 만졌다고? 어디에서? 어떤 뱀을? 포도 주스 마실래?"

제갈윤이 방금 냉장고에서 꺼내 물방울이 송골송골 맺힌 주스 병을 내밀었다.

"감사합니다. 학교 맞은편에 하얀 건물 있잖아요, 1층에 햄버거 가게 있는 곳이요. 거기 7층에 실내 동물원 생겼거든요. 아, 숨차."

황송하지가 포도 주스를 벌컥벌컥 마셨다.

105

제갈윤은 황송하지가 숨을 고를 때까지 가만히 기다렸다.

"오늘 오픈해서 이번 주말까지 공짜예요. 아, 초등학생만요. 그래서 은서랑 정연이랑 같이 가 봤어요. 거기서 엄청 커다란 뱀도 만져 봤어요."

"그래. 실내 동물원이 생겼구나."

제갈윤이 고개를 끄덕였다.

황송하지는 제갈윤의 반응에 실망했다. '우아! 우리 하지, 정말 대단하지. 거대한 뱀도 만졌다 하지.'라며 황송하지랑 장난칠 때만 쓰는 '……하지'를 쓰며 환호성을 지르길 기대했던 것이다.

"근데요, 뱀이 미끌미끌할 줄 알았는데 생각보다 거칠거칠해요. 말랑말랑할 줄 알았는데 딱딱하고요. 이거 봐요. 목에 뱀도 걸어 줬어요. 으으윽, 소름이 쫙!"

황송하지가 휴대 전화로 찍은 사진을 제갈윤에게 내밀었다. 황송하지가 커다란 흰 뱀을 목에 걸고 어색하게 웃는 사진이다. 이번엔 제갈윤이 깜짝 놀라겠지!

"알비노 버미즈 파이톤이네. 어, 음……. 와, 진짜 크고 무늬도

예쁘다. 우리 하지는 용감하기도 하지. 하하하."

제갈윤이 무심히 사진을 보다 황송하지의 표정을 읽고 과장되게 웃었다.

"어색해요. 일부러 반응 안 해 줘도 된다고요."

황송하지가 휴대 전화를 주머니에 푹 집어넣었다.

"솔직히 나도 뱀 별로예요. 그냥 제갈 기자님이 좋아할 줄 알고 찍은 거예요."

황송하지가 어깨를 으쓱했다.

"뱀 좋아하지. 역시 우리 하지가 날 잘 아네. 그냥 난, 음, 사실 난 동물원을 좋아하지 않아."

제갈윤은 황송하지에게 미안했다. 아마도 황송하지는 제갈윤을 웃게 하려고 무섭지만 뱀과 같이 사진을 찍었을 것이다.

"왜요? 난 동물원 가는 거 진짜 좋아하는데."

황송하지가 제갈윤을 쳐다봤다. 이미 제갈윤의 반응에 대한 실망은 사라졌다.

"5학년 때 동물원에 소풍을 갔거든. 엄청 신났지. 개나 고양이, 쥐, 비둘기, 참새, 까치 같은 동물만 보다가 다양한 야생 동물을 볼 수 있으니까. 그런데 거기서 그 고릴라를 본 거야."

제갈윤의 목소리가 작아졌다.

"고릴라요? 어떤 고릴라요? 그 고릴라가 기자님한테 막 소리 지르고 공격했어요?"

황송하지 이마에 주름이 잡혔다.

"아니. 그 고릴라는 아무것도, 정말 아무것도 하지 않았어. 그냥 좁은 방구석에 앉아 바닥만 내려다봤어."

황송하지는 제갈윤을 유심히 살펴봤다. 제갈윤이 탁상 위 음료수 캔을 보는 것 같지만 실제로는 아무것도 안 보는 것 같기도 했다.

"근데 왜요?"

"나는 고릴라의 관심을 끌려고 유리창을 두드리고 소리를 질렀어. 하지만 그 고릴라는 흘깃 쳐다보곤 다시 바닥만 쳐다봤지. 근데 그 눈빛이 너무, 진짜 너무 슬펐어. 난 그렇게 느꼈어. 고릴라가 너무나 슬퍼한다고, 절망했다고."

"조그만 우리에 갇혀서 슬펐나 봐요. 혼자 있어서 외로웠을 수도 있겠다. 아니면 구경거리가 돼서 기분 나빴을지도 몰라요."

황송하지는 제갈윤이 본 고릴라의 심정을 짐작해 봤다. 생각할수록 그 고릴라가 슬퍼할 이유가 늘었다. 기분이 점점 나빠졌고 우울해졌고 그 고릴라에게 미안했다. 어린 제갈윤이 고릴라의 관심을 끌려고 유리창을 두드리다 고릴라의 슬픈 표정을 봤을 때도 비슷한 기분이었겠지?

"동물원 기사를 쓸래요. 고릴라 같은 영장류는 머리도 좋고 감정도 풍부하잖아요. 여럿이 모여 살고요."

황송하지가 어린이 기자 수첩에 '동물원에 갇힌 고릴라'라고 제목을 썼다. 이어 '내가 강제로 가족과 헤어져 동물원에 갇혀서 구경거리가 된다면…….'이라고 적었다.

"난 미쳐 버릴 거야."

황송하지가 중얼거렸다.

"동물원 고릴라에 대한 기사를 쓸 거면, '부아 노이'도 알아봐."

"'부아 노이'요? 그게 뭐예요? 동물원 동물을 구한 사람인가요?"

"부아 노이는 고릴라야. 내 부끄러운 기억을 떠올리게 한 고릴라."

제갈윤이 살짝 미소 지었다.

황송하지가 주먹으로 탁자를 내리치며 외쳤다.

"동물원을 싹 다 없애야 해요. 제가 앞장설게요. 친구들한테 그 실내 동물원에 가지 말라고 할 거예요."

"하하. 역시 따뜻하고 정의로운 하지야. 그런데 동물원의 사육 환경은 내가 어렸을 때 보다 많이 나아졌어. 2023년 12월부터는 동물원 허가제가 시행되었지. 야생 동물을 함부로 전시하는 것도 금지되었고."

"아! 그럼 오늘 거기서 뱀 만진 것도 법을 어긴 거겠네요?"

"확인해 봐야지. 내가 그 실내 동물원을 취재해야겠다."

"지금 생각해 보니까 그 뱀도 불쌍해요. 갑자기 다른 동물이 막 만지고 목에 걸고 그랬으니, 얼마나 놀랐을까? 미안하다."

황송하지는 뱀을 목에 두른 사진을 확대해서 뱀의 얼굴을 자세히 봤다. 뱀의 기분을 표정으로 알 순 없지만 뱀이 자신을 좋아할 것 같진 않았다. 황송하지는 사진을 지웠다.

"동물원에 간 것 때문에 죄책감을 느끼진 마. 동물원도 긍정적인 역할이 있어."

제갈윤이 황송하지를 위로했다.

"진짜요? 어떤 역할이요? 아니에요, 얘기하지 마세요. 제가 직접 찾아볼래요."

황송하지가 두 손을 좌우로 휙휙 저었다.

"구경거리로 전시되는 동물원 동물, 서커스 동물은 예전부터 있었는데 요즘의 동물 구경은 새로운 모습으로 바뀐 것 같아."

"어떻게요?"

"인터넷 사이트나 각종 SNS[3]에 반려동물을 찍어 올리는 사람이 많잖아."

"맞아요. 유튜브나 인스타그램 같은 데 반려동물을 소개하는 사람도 많고 찾아보는 사람도 많아요. 저도 '호두마루' 랜선 언니예요. 호두랑 마루는 유기견인데 좋은 가족 만나서 완전 예뻐지고 성격도 밝아졌어요. 구독자 수가 67만 명이 넘을걸요. 얼마나 유명한데요."

"호두랑 마루가 엄청 귀엽긴 하지. 나도 '호두마루' 랜선 삼촌이야. 동물을 좋아하지만 직접 입양해서 키울 상황이 안 되는

---

[3] social networking service. 온라인상에서 이용자들끼리 네트워크를 형성할 수 있게 해 주는 서비스

사람들이 다른 반려 가족을 보며 대리 만족을 얻는 거지."

"저도 아빠가 개를 못 키우게 해서 호두, 마루의 일상을 구경하는 거 같아요. 근데 그게 나쁜 건 아니잖아요."

"그렇지. '호두마루' 가족은 유튜브에서 버는 광고비를 유기견을 위해 쓴다고 하더라. 매달 광고비를 얼마나 벌었는지, 그 광고비를 어디에 사용했는지도 다 밝히잖아."

"맞아요. 착한 가족이라 호두, 마루도 그렇게 예뻐하나 봐요."

"그런데 반려동물 동영상으로 돈을 벌 수 있게 되자 부작용도 생겼어. 돈을 벌기 위해 동물을 입양하고, 동물을 제대로 보살피지 않으면서 그럴듯하게 동영상만 찍어 인터넷에 올리는 사람들도 있거든. 아픈 개를 치료한다며 후원금을 받아서 자기가 써 버리는 사람도 있고, 돈벌이가 안 된다고 입양한 동물을 버리는 사람도 있고."

"진짜요? 제가 본 동영상이랑 사진에선 개, 고양이가 다 행복해 보였어요. 보호자도 엄청 예뻐하고요."

"최근에 인기가 많았던 반려견 얘기로 인터넷이 떠들썩했어. 그 개는 인기가 많아서 팬 미팅도 하고 그 개의 모습을 넣어 만든 옷, 문구 등도 잘 팔렸대. 그 개는 보호자의 사랑을 듬뿍 받는 것처럼 보였고, 행복해 보였지. 하지만 진실은 달랐대. 개가 아픈데도 상품 광고를 찍어서 돈을 벌었다는 의혹도 있고."

"아, 진짜 세상에 믿을 사람이 없네요."

황송하지가 투덜거렸다.

"그래도 동물을 학대하며 돈을 버는 사람은 일부일 뿐이야. 동물을 보호하고 살리기 위해 자기 돈과 시간, 노력을 들이는 사람들이 훨씬 많으니까."

"그건 그래요. 버려진 동물이나 학대받은 동물을 입양하거나 구조하고 임시 보호해서 가족을 찾아 주는 분들이 많아요. 참 참참! 저도 제 친구 은서랑 봄이 가족 찾아 줬어요."

"오, 그래? 근데 봄이가 누구야?"

"와우산 공원에 나타난 유기견이요. 옛날 가족은 못 찾아서 동물 보호소에 보냈거든요. 그때는 진짜 봄이한테 너무 미안했어요."

"봄이가 버려진 건 너희 잘못이 아니잖아."

"네. 그래도 우리가 새 가족을 찾아 줬으니까 이젠 안 미안해

요. 유기 동물 입양 사이트랑 지역 사이트에 봄이 입양해 달라고 글을 올렸어요. 봄이 사진이랑 같이요. 그랬더니 제주도에 사는 가족이 봄이를 입양한 거예요. 아, 진짜 너무 좋아서 은서랑 막 울었어요."

"우아! 정말 좋은 일 했구나. 너랑 은서가 봄이를 살렸네."

"네. 봄이는 넓은 잔디 마당이랑 제주도 바닷가를 신나게 달리고 있대요. 인스타그램에 '봄이네'라고, 계정도 있어요. 가족이 생기고 사랑받으니까 봄이가 얼마나 예뻐졌는지 몰라요."

"이런 말이 있잖아, 사랑받는 개가 예쁜 개라는 말. 사랑받는 동물은 표정부터 밝아지니까 보는 사람도 행복해진다고."

"진짜 그 말이 정답이에요. 아, 근데 취재 안 가세요?"

"아차차. 내 정신 좀 봐. 당장 실내 동물원에 가야겠다."

제갈윤이 황송하지에게 눈을 찡긋하고 자리에서 일어났다.

"넵, 기자님. 동물원 기사 기대하겠습니다. 저도 집에 가서 동물원 자료를 찾겠습니다. 우리 토토랑 산책 먼저 하고요. 자, 가시죠!"

황송하지가 씩 웃으며 가방을 멨다.

실내 동물원을 취재한 제갈윤 기자에게 물었어요.

황송하지 : 전 동물원에 가는 거 좋아해요. 동물원의 장점은 없나요?

제갈윤 : 난 동물원이 없어지길 바라. 하지만 동물원의 장점도 있어.

동물원은 멸종 위기에 처한 동물을 보존하는 역할을 하거든. 북부흰코뿔소는 뿔을 노린 사람들의 밀렵 때문에 야생에선 이미 멸종했어. 하지만 동물원에 있던 수컷 북부흰코뿔소 '수단'은 살아남았어. '수단'은 '자연 보호 운동의 아이콘'으로 사람들에게 사랑받았지. '수단'은 암컷 '나진'과 나진의 딸 '파투'와 함께 케냐의 동물 보호 구역에서 살다가 2018년 나이 들어 죽었어. 이제 전 세계에서 북부흰코뿔소는 '나진'과 '파투' 두 마리뿐이야. 암컷만으로 새끼를 낳을 수 없기에 북부흰코뿔소는 곧 멸종할 거야. 하지만 인공 수정, 유전자 복원 등의 방법으로 북부흰코뿔소의 멸종을 막으려는 노력은 계속되고 있어.

동물원은 야생 동물의 습성과 생태를 연구하는 데에도 도움을 줘. 그리고 관람객이 동물을 직접 보고 교감하는 즐거움도 주지.

케냐의 올페제타 보호 구역(Ol Pejeta Conservancy)에 살고 있는 북부흰코뿔소의 모습이다.

황송하지 : 그동안 동물원에 사는 동물 입장은 생각해 보지 않았어요. 동물원에 갇힌 동물들에게 좀 미안해요.

제갈윤 : 야생에 살던 동물에게 동물원 우리는 너무 좁고 너무 달라. 함께 살던 무리와 헤어져 좁은 우리에 갇힌 동물들은 불안과 공포를 느끼지. 할 일도, 할 수 있는 일도 없어. 그래서 제자리에서 빙글빙글 도는 것 같은 이상 행동을 하는 거야.

동물원에 사는 야생 동물은 야생성을 잃기도 해. 서울대공원에서 돌고래 쇼를 하던 남방돌고래 여덟 마리를 제주도 바다에 풀어 줬어. 네 마리는 자연에 적응해서 잘 지내지만 한 마리는 죽은 채 발견됐고, 나머지 돌고래들은 행방불명되었어. 야생에서 살아남을 능력이 사라진 걸로 추정하지.

동물을 사냥해서 동물원까지 옮기는 동안 죽는 동물도 많아. 희귀한 동물을 전시해서 관람객을 모으려고 멸종 위기 동물을 밀수하는 경우도 있지. 요즘은 동물의 특성에 맞추어 동물원 환경이 많이 변하고 있어. 하지만 몇몇 실내 동물원처럼 동물의 습성을 무시하거나 학대, 방치하는 곳도 많아. 관람객이 동물원의 동물을 보면서 동물을 장난감처럼 생각하는 문제점도 있지.

황송하지 : 동물원은 좋은 점도 있지만 나쁜 점도 많군요.

제갈윤 : 동물원이 있어야 한다는 사람, 없애야 한다는 사람 모두 지금보다 동물이 더 좋은 환경에서 본능에 맞는 삶을 살기 바라지. 동물원은 그 동물이 살던 곳과 비슷하게 환경을 꾸미려 하고, 지루하고 심심하지 않게 다양한 놀이와 장난감도 제공해.

허가 받은 곳만 동물원을 운영할 수 있고, 실내에서 호랑이, 사자 같은 맹수류는 전시할 수 없어. 만지거나 먹이 주기 등의 동물 체험도 제한됐지. 유치원 등에 동물을 가져가서 체험하는 건 금지야. 하지만 제도를 바꾸는 걸로 충분할까? 동물원 동물의 복지와 권리를 요구하면서 한편으론 애견 카페, 고양이 카페 등의 동물 카페, 체험형 동물원 등에서 동물들의 허락 없이 만지고 먹지 말아야 할 것을 먹이지. 입장 바꿔서 누군가 내 허락도 없이 나를 만지고 몸에 해로운 음식을 준다고 생각해 봐. 정말 무섭고 기분 나쁠 거야.

동물원의 변화, 법과 제도의 변화뿐 아니라 나부터 동물의 입장에서 생각해 보는 게 필요해.

황송하지의 참고 뉴스

특별한 동물원엔 특별한 사연이 있다

　야생에서 구조된 동물들이 사는 동물원이 있다. 해먹과 웅덩이를 오가며 서로 장난을 치는 새끼 흑곰들은 굶주림에 쓰러진 채로 구조되어 동물원으로 옮겨졌다. 시력을 잃은 바다사자도 동물원에서 새로운 생활을 시작했다. 그 밖에 날개가 부러진 펠리컨도 동물원 가족이 되었다.

　동물원에서 태어난 동물을 야생으로 돌려보내기도 한다. 동물원에서 부화해 건강하게 성장한 대머리독수리 100마리를 서식지로 돌려보냈다. 대머리독수리는 멸종 위기 종이다.

　자연에서 위기에 처한 동물을 구조해서 돌보고, 멸종 위기에 처한 동물은 보호소에 보호하며 숫자를 늘린 뒤에 자연으로 돌려보내는 동물원. 이 동물원은 동물원의 역할과 책임이 무엇인지 보여 준다.

2023년 8월 월간오성

황송하지의 취재자료

동물원 동물도 본능과 권리를 존중받아야 한다. 고통받는 동물을 보며 즐거워하는 사람이 되긴 싫다. 동물원 동물에 관한 관심을 불러일으킨 사례를 찾아봤다.

세상에서 가장 외로운 고릴라, 부아 노이 : 부아 노이는 태국 백화점 안에 있는 동물원에 한 살 때인 1988년부터 갇혀 있다. 부아 노이의 사연이 알려지면서 부아 노이를 동물원에서 구하려는 노력이 계속되고 있다.

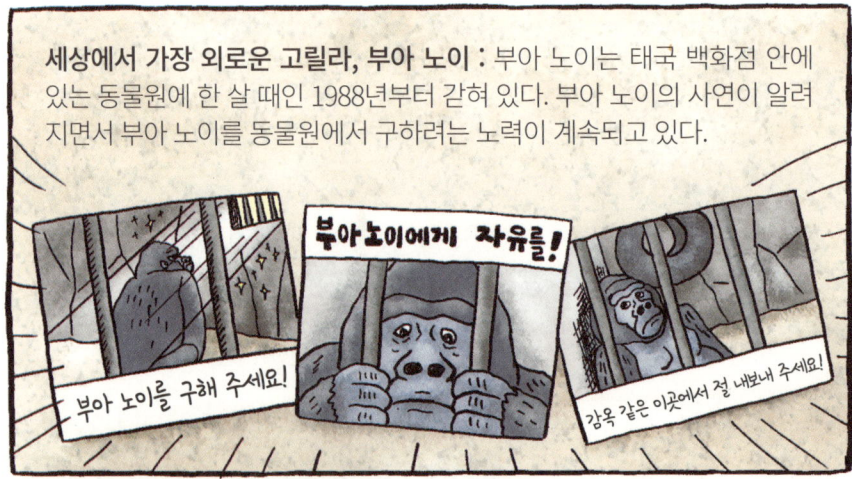

표범 뽀롱이 : 뽀롱이는 서울대공원에서 태어난 여덟 살 표범이다. 대전 동물원으로 옮겨져 살다가 사육장 문이 열린 틈에 밖으로 나갔다. 처음으로 자유롭게 돌아다녔지만 5시간도 안 되어 총에 맞아 죽었다. 뽀롱이의 죽음이 알려지며 동물원을 없애야 한다는 의견이 많아졌다.

제주 바다로 돌아간 제돌이 : 제돌이는 제주 바다에서 살던 남방큰돌고래다. 서울대공원에서 돌고래 쇼를 했는데 불법으로 잡힌 사실이 밝혀져서 바다로 돌려보내졌다. 제돌이는 야생 남방큰돌고래 무리와 함께 잘 지내고 있다.

얼룩말 세로 : 2023년 어린이대공원을 탈출한 수컷 얼룩말이다. 세로는 서울 시내를 활보하다 마취총을 맞고 다시 사육장으로 보내졌다. 얼룩말은 무리 생활을 하는데 세로는 부모 말이 죽고 혼자 남았다. 세로의 탈출로, 동물원은 야생 동물의 본성에 맞는 환경을 제공해야 한다는 의견이 많아졌다.

통신문 NEWS

통신문 제301호 6월 3째 주

목줄이 풀린 개가 어린이를 공격하는 사고가 발생했다.

개 물림 사고가 늘었다
반려 가구 312만9천 시대, 개 물림 사고도 늘었다

통계청이 5년마다 조사하는 '인구주택총조사(2020)'에서 우리나라 전체 가구 중 15%인 312만9천 가구가 반려동물을 키우는 것으로 나타났다. 7가구 중 1가구가 반려동물을 키우는 셈이다. 개가 242만3000가구, 고양이는 71만7000가구다.

반려동물 가구가 많아지면서 반려동물로 인한 사건, 사고도 늘었다. 반려동물이 짖는 것 때문에 이웃 간에 갈등이 생기고 펫티켓을 지키지 않아 분쟁이 발생했다. 심각한 건 개 물림 사고가 늘었다는 것이다. 산책 중이던 사람이 개 농장을 탈출한 개에게 물려 사망하고, 주인이 목줄을 놓친 개가 어린이를 물어 크게 다친 사고도 있었다. 그동안 개 물림 사고는 동네 주민이 키우는 개가 이웃을 무는 경우가 많아서 개 주인과 피해자가 합의하는 방식으로 정리된 경우가 많다. 하지만 이제 개 물림 사고는 사고견(사람을 문 개), 개 주인, 피해자만의 문제가 아니라는 여론이 높아졌다. 개가 많아지면서 누구나 가해자, 피해자가 될 수 있기 때문이다.

<통신문 특별 좌담>
개 물림 사고, 개에게 책임을 묻는다

황소: 개 물림 사고가 잦아지면서, 시민들의 불안이 높습니다. 통신문은 개 물림 사고견 심사 위원회(이하 '위원회')에서 활동하는 동물 보호 단체 '나와함께'의 주미나 소장, 김창만 동물 전문 변호사, 손진우 동물 훈련사를 모시고, 개 물림 사고에 대해 논의합니다. 먼저 위원회에서 사고견의 안락사를 막았다고요?

주미나 소장: 안락사는 쉽게 결정할 수 없어요. 생명은 되돌릴 수 없으니까요. 무엇보다 개 물림 사고의 원인이 다 밝혀지지 않았기에 모든 책임을 말 못 하는 사고견에게 떠넘기는 것은 부당하다고 생각했습니다.

황소: 그 개가 주인에게 학대받다 탈출하는 과정에서 사고가 일어났다고 하는데 그게 원인이라고 생각하십니까?

주미나 소장: 이번 사건의 원인은 복잡해요. 물론 어떤 이유에서건 사람을 문 개는 책임이 있습니다. 하지만 주인이 개를 제대로 관리하지 못한 것이 가장 큰 원인이라 봅니다. 개를 잘 훈련시키지 못해서 사람을 공격하는 개가 된 것

도 관리 부족에 포함되죠. 그런데 이 개는 우리가 생각하는 반려견이 아니라 잡아먹으려고 개 농장에서 키우는 개입니다. 그 개 농장엔 60여 마리가 있었는데 전국의 동물 보호소에서 데려온 개들이었습니다.

황소 : 동물 보호소에서 입양한 개란 말인가요?

주미나 소장 : 네. 심지어 지자체에서 입양비까지 받았다는군요. 일부는 정식으로 입양했는데 동물 보호소가 입양 보낸 개가 어떻게 지내는지도 관리하지 않은 거죠. 열심히 일하는 동물 보호소라도 동물 수가 워낙 많으니 입양 보낸 동물까지 관리하는 게 어려운 현실입니다. 농장의 개 일부는 동물 보호소에서 사 왔답니다. 동물을 보호하다 주인을 찾아주는 게 아니라 개 농장에 판 거죠. 동물 보호소 소장이 개 농장 주인이었던 곳도 있었죠.

황소 : 동물 보호소와 개 농장이 연결된다니 끔찍합니다. 그런데 어떻게 동물 보호소에서 그 많은 개를 입양할 수 있었습니까?

주미나 소장 : 동물 보호소마다 유기 동물을 각자 관리하니 농장주 한 사람이 전국에서 수십, 수백 마리의 개를 입양할 수 있었던 거죠.

황소 : 불법적인 방법으로 입양한 것이었군요.

김창만 변호사 : 농장 주인이 그 개를 입양한 것뿐 아니라 개 농장 자체도 불법입니다. '맹견법'이라 불리는 동물 보호법도 전혀 지키지 않았습니다. 농장에서 다른 개들이 보는 곳에서 개를 도축한 것도 불법, 식당에서 음식물 쓰레기를 모아 개에게 먹인 것도 불법이죠.

주미나 소장 : 사고견은 엉덩이뼈가 드러날 정도로 굶주린 상태였습니다. 굶주린 채로 움직일 수도 없는 좁은 곳에 갇혀 눈비, 추위와 더위를 견디고 옆자리 개가 죽는 광경을 목격하면서 살았어요. 그런 개가 제정신일 수 있겠습니까?

황소 : 사고견은 어떻게 됩니까? 안타까운 사연이 있어도 그 개에게 물린 피해자가 있는데요.

손진우 훈련사 : 동물 보호 단체와 수의사, 변호사, 동물 훈련사가 모여 사고견의 기질을 테스트했습니다. 결론은 '안락사, 입양 모두 반대'입니다. 사냥 공격성이 있는 개

는 아니지만, 사람을 다시 물 가능성이 있습니다. 저와 다른 훈련사들이 사고견을 훈련하면서 계속 상태를 체크할 겁니다. '나와함께' 보호소에서도 그 개는 새 가정에 입양 보내지 않기로 했습니다.

김창만 변호사 : 아이러니한 건 사고견은 '나와함께' 보호소에서 보호받지만 그 불법 농장의 다른 개들은 어찌 될지 모른다는 겁니다. 불법 농장이라 모든 개를 시청에서 압수했고 몇 군데 동물 보호소로 나눠 보냈어요. 그중에 안락사를 시키는 동물 보호소도 있거든요. 대부분 대형견인데 가정에 입양되지 않으면 안락사될 겁니다. 농장에서 살아 나왔지만 동물 보호소에서 목숨을 잃는 거죠.

황소 : 당황스럽네요. 일어나선 안 되는 사고였지만 그래도 그 결과로 개 농장의 다른 개들은 살았다고 생각했거든요.

김창만 변호사 : 좋아지곤 있지만 아직은 동물 보호법이 허술합니다.

황소 : 끝으로 시민들께 하고 싶은 말씀이 있을까요?

주미나 소장 : 개 물림 사고는 막을 수 있었습니다. 저희 동물 보호소, 개 농장 주인, 법, 정부의 동물 관리 시스템이 다 책임이 있습니다. 저희는 더 철저하게 동물 입양을 관리하겠습니다. 동물을 입양하려는 시민분들께서도 동물에 대해 충분히 공부하고, 동물을 키울 상황이 되는지 냉정하게 판단하신 후에 책임감을 가지고 입양하시길 바랍니다. 특히 맹견을 키우려는 분은 '맹견법'을 꼭 지키시길 바랍니다. 동물의 책임을 묻기 전에 사람이 먼저 철저히 관리해서 다시는 이런 개 물림 사고가 일어나지 않기를 바랍니다.

맹견법을 알아보자

국내 동물 보호법에 도사견, 아메리칸 핏불테리어, 아메리칸 스태퍼드셔테리어, 스태퍼드셔불테리어, 로트와일러, 이 5종과 그 잡종 개는 맹견이다. 맹견 소유자가 지켜야 할 동물 보호법(맹견법)을 알아보자.

1. 보호자 없이 맹견을 기르는 곳에서 벗어나지 않도록 해야 한다.
2. 태어난 지 3개월 이상인 맹견과 외출할 때에는 목줄(가슴줄은 안 됨)과 사람에 대한 공격을 효과적으로 차단할 수 있는 입마개를 해야 한다.
3. 맹견을 안전하게 키우고 관리하기 위해 <맹견 소유자 교육>을 정기적으로 받아야 한다.
4. 맹견을 키우는 소유자는 맹견으로 인한 타인의 생명·신체나 재산상 피해를 보상하기 위한 '맹견 책임 보험'에 가입해야 한다.
5. 맹견이 사람에게 신체적 피해를 주었을 때는, 소유자 동의 없이도 맹견을 격리할 수 있다.
6. 맹견은 노약자나 어린이 등이 이용하는 장소에는 들어갈 수 없다. 출입 금지 장소는 어린이집, 유치원, 초등학교 및 특수학교 등이다.

돼지가 축구하는 '노는돼지'
동물도 행복할 권리가 있다!

'노는돼지' 생츄어리

오성시에 돼지 생츄어리가 생겼다. 생츄어리(Sanctuary)는 동물을 자연과 비슷한 환경에서 본성을 지키며 살게 하되, 사람이 먹이와 질병 관리 등을 해 주며 보호하는 장소다.

오성시 최초의 생츄어리, '노는돼지'는 돼지 농장을 운영하던 김병훈 씨가 만들었다. 김병훈 씨는 아프리카 돼지 열병으로 한순간에 키우던 돼지를 다 잃었다. 그 전에는 적은 비용으로 더 많은 돼지를 키우고 더 빨리 살찌워서 파는 게 중요했지만, 살처분 당하는 돼지들의 비명을 직접 듣자 큰 충격을 받았다. "정말 너무너무 후회했습니다. 돼지 덕에 먹고 살았는데, 정말 미안하더라고요."

김병훈 씨는 남은 인생은 돼지를 보호하며 살기로 마음먹었다.

김병훈 씨는 나지막한 산에 '노는돼지' 생츄어리를 세웠다. 그리고 근처 농장들에서 다른 돼지들에게 깔려 다리가 부러진 새끼돼지, 어미에게 버려지거나 형제들에게 밀려 젖을 못 먹는 새끼돼지들을 사 왔다. 새끼를 낳지 못해 도축장에 보내려던 돼지도 구했다. "동물보호소에 버려진 미니피그도 데려왔는데, 소문이 났는지 이곳에 돼지를 버리러 오는 사람도 있어요." 김병훈 씨가 쓴웃음을 지었다. 그는 깨끗한 볏짚과 쌀겨를 깐 넓은 우리를 지었다. 돼지들은 금세 건강해졌다. 김병훈 씨 뒤만 졸졸 따라다니던 돼지들이 산과 들로 뛰어나가 흙을 파고 나무 열매를 주워 먹었다. 나뭇가지를 서로 빼앗으려 씨름도 하고, 코로 축구공을 몰며 달린다.

'노는돼지'에서 돼지들은 자연과 비슷한 환경에서 본성대로 살 수 있다. 농장에선 태어난 지 6개월 만에 도축되지만 이곳에선 자기 수명대로 살 수 있다. 사람의 보호를 받고 먹이와 안전한 우리, 치료 등은 사람이 제공한다.

최근 동물의 복지와 권리가 보호받아야 한다는 여론이 높아지면서 비참하게 사는 공장식 농장과 동물원의 대안으로 방목 농장과 생츄어리가 대안으로 관심받고 있다. 곰 농장에서 구조한 반달곰, 동물원에서 구조한 사자와 북극곰 등이 외국의 생츄어리로 보내졌다. 롯데월드 수족관에 갇힌 벨루가(흰고래) '벨라'도 외국의 생츄어리로 보내진다. 정부도 동물 복지 인증·무항생제 축산물 인증·유기 축산물 인증 제도를 만들어 농장 동물의 복지 향상에 노력을 기울이고 있다. 2024년까지 반달곰 생츄어리 2곳도 만들 예정이다.

생츄어리는 '노는돼지'처럼 야생에서 살 능력을 잃어버린 가축이나 동물원에서 오래 생활한 야생 동물에겐 가장 이상적인 보호 장소일지 모른다. 하지만 야생 동물에 관해서 생츄어리는 근본적인 해결 방법은 아니다. 구조한 야생 동물을 외국의 생츄어리에 보내는 이유는 국내에는 개인, 민간 단체가 만든 작은 생츄어리 몇 곳밖에 없기 때문이다. 그리고 애초에 우리나라 기후 환경이나 동물원에서 살 수 없는 야생 동물을 데리고 왔기 때문이다.

롯데월드 수족관에 갇혔던 '벨라'는 해외 생츄어리에서 야생 적응 훈련을 거친 후 바다로 돌아간다. 함께 있던 '벨로', '벨리'가 좁은 수족관에서 버티지 못하고 죽은 뒤다. "정말 너무 미안하더라고요." 김병훈 씨의 뒤늦은 후회를 새겨들어야 할 때다.

청둥오리 가족은 왜 죽임을 당했을까?

 버들천 오리 가족 6마리를 살해한 범인이 잡혔다. 한때 버들천은 오염된 공장 폐수와 쓰레기로 오염돼 악취와 해충이 들끓어 인근 주민들의 걱정거리였다. 이에 오성시와 환경 단체, 시민들이 힘을 모아 '버들천 살리기 운동'을 시작했다. 폐수와 쓰레기를 버리지 못하게 감시하고 쓰레기를 주웠다. 미나리, 말즘처럼 오염된 하천을 맑게 해 주는 정화 식물도 심었다. 2년 동안 노력한 결과 버들천의 생태계가 되살아났다. 물은 바닥이 보일 정도로 맑아지고 크고 작은 민물고기가 돌아왔다. 물고기를 따라 야생 조류도 버들천에 터를 잡았다. 버들천에 둥지를 튼 청둥오리 가족은 주민들의 사랑을 받았다. "버들천에서 산책할 때마다 청둥오리 가족을 지켜봤어요. 알에서 태어난 새끼들이 어미를 따라 헤엄치는 모습을 보러 일부러 산책하러 나갈 정도였죠." 버들천 산책로에서 만난 주민은 청둥오리 가족을 찍은 사진을 보여 주며 안타까워했다.

 범행을 목격한 주민들의 신고와 경찰의 빠른 대처로 버들천 오리 가족을 죽인 범인이 잡혔다. 그들은 '공부하다 짜증 나서, 진짜 죽는지 궁금해서' 청둥오리 가족에게 돌을 던졌다고 진술했다. 그들의 행동은 '동물 학대'라는 말보단 '살해'란 표현에 더 어울리는 범죄다. 경찰 조사 결과 그들은 청둥오리 가족을 죽이기 위해 여러 번 청둥오리들의 둥지를 찾아다닌 것으로 밝혀졌다. "이번 청둥오리 가족 살해뿐 아니라 길고양이, 개 등의 동물 학대가 끊이지 않습니다. 몰래 숨어서 동물을 학대하는 것뿐 아니라 학대 영상을 찍어서 인터넷에 자랑할 정도예요. 동물을 죽여도 벌금 조금 내면 그만이라고 생각하니까요." 학대 동물 보호 단체 최유환 소장은 버들천 청둥오리 가족을 죽인 범인이 강력한 처벌을 받아야 한다고 주장했다. 〈야생 생물법〉 8조는 '누구든지 정당한 이유 없이 야생 생물을 죽이는 학대 행위를 하면, 징역이나 벌금에 처할 수 있다.'이다. 버들천 청둥오리 가족 살해범이 어떤 처벌을 받을지 지켜봐야겠다.

나는 동물을 키울 자격이 있을까?

- 오성 어린이 통신문 기자 황송하지

반려동물을 키우는 사람이 많은 만큼 버려진 동물도 많습니다. 전국의 유기 동물 보호소는 꽉 차서 새로 버려지는 동물을 받기 위해 원래 있던 동물을 안락사시켜야 할 상황입니다. 반려동물을 버리는 이유는 다양합니다. 입질(사람을 묾), 가족의 반대, 털 빠짐, 물건 파손, 짖음, 비용(사룟값, 미용비, 병원비 등), 미안함(반려동물이 혼자 있는 시간이 많아서 미안함), 싫증(유행 지난 개 종류, 강아지 때와 달리 귀엽지 않음) 등입니다. 사람은 동물을 버리면 그뿐이지만 버려진 동물은 그 즉시 공포와 고통에 시달립니다.

혹시 동물을 입양할 계획이 있나요? 먼저 아래 질문에 솔직히 답해 보세요. 준비 없이 동물을 입양하기 때문에 물림 사고, 학대와 유기가 발생합니다. 동물을 좋아하는 우리가 동물을 고통스럽게 할 수도 있습니다.

- 동물을 키울 환경이 되십니까? 너무 오랫동안 동물을 혼자 두면 안 됩니다.
- 개, 고양이는 10~15년 이상 삽니다. 결혼, 임신, 유학, 이사 등으로 가정 환경이 바뀌어도 입양한 동물을 끝까지 책임지고 보살필 수 있습니까?
- 함께 사는 가족 모두가 동물 입양에 동의했습니까?
- 반려동물을 기른 경험이 있습니까? 동물은 사람과 다릅니다. 동물을 위해 공부할 준비가 되어 있습니까?
- 아플 때 적절한 치료를 해 주고, 중성화 수술을 실천하겠습니까?
- 동물을 키우는 데는 비용이 듭니다. 경제적 비용을 감당할 능력과 준비가 되어 있습니까?
- 동물도 서로 싫어할 수 있습니다. 입양할 동물이 집에 있는 다른 동물과 잘 어울릴 수 있을지 고민했습니까?

위 질문에 모두 'O'입니까? 이제 가장 중요한 질문이 남았습니다. "동물도 행복할 권리가 있다고 생각합니까? 동물을 학대하지 않고 보호할 수 있습니까?"

편집후기

토토는 제 가족이 되었습니다. 집에 가면 막 달려오고 제게 안깁니다. 아우, 예쁜 내 새끼, 행복하게 해 줄게!

어휴, 바닥 무너지겠네.

아~ 생명이 있는 존재를 학대하는 사람은 몽땅 다 뉴스로 고발해서 처벌받게 할 거예용. 약한 대상을 괴롭히는 못나고 못된 인간들!

못된 인간들! 모두 꼼짝 마라!

전 몸무게 100킬로가 넘는 사람이 모인 먹자 동호회 회원입니다. 솔직히 고기를 안 먹을 자신은 없습니다. 하지만 농장 동물이 땅 위에서 걷고, 날개를 펴고, 흙을 파헤칠 수 있기를 바랍니다.

말이라도 고맙다~

이 야생 동물 카페는 동물을 폭행하고 더운 지역에 사는 동물을 추위에 방치했습니다. 이 사실을 안 시민들이 경찰에 동물 학대로 고발했고 불매 운동도 벌였죠. 결국 야생 동물 카페는 문을 닫았습니다.